Walter Müller

Lasst uns über die Liebe reden

Walter Müller

Lasst uns über die Liebe reden

Trauerreden

OTTO MÜLLER VERLAG

Die Drucklegung dieses Buches wurde gefördert von den
Kulturabteilungen von Stadt und Land Salzburg.

www.omvs.at

ISBN 978-3-7013-1291-7

Wenn du an mich denkst,
erinnere dich an die Stunde,
in welcher du mich am liebsten hattest.

Rainer Maria Rilke

Inhalt

Über die Liebe also, ein Vorwort 9

„Kommt ein Vogel …?“ 15
Vom Mädchen, das ein bisschen anders war 25
Dem himmlischen Stern hinterdrein 36
Barfuß über jeden See 46
Die Zugfahrt ins Glück 57
„Ach, der Professor!!!“ 71
Als der Krampus vor der Tür stand 80
Erste Geige – im Konzert und daheim 92
Rosen, Kerzen, Tränen 101
„Sind Sie der heilige Nikolaus?“ 110
Santé, Friedl! Egészségére! 122
Rohrnetzmeister und Torschützenkönig 136
„Ein Pfifferl für die Frau Lotte!“ 148
Der Himmel über dem Zirkuszelt 158
Pflanzenflüsterer und Strudelkönig 171
„Ach Gott, diese Ziele immer!“ 181
Markus, Liebling der Menschen 193
„Ich bin der Peter Marzipan!“ 204
Der „Dürre“ tanzt den Schneewalzer 217
Liftführer und Geschichtensammler 228
„Wolfram, du gehst da runter!“ 242
Ist der Tag wichtiger als die Nacht? 252

Über die Liebe also

Jeder Mensch ist ein eigener Kosmos, einzigartig, unverwechselbar. Jedes Leben, ob es schwer, ob es leicht zu leben war, erzählt seine eigene Geschichte: staunenswert, unkompliziert, geheimnisvoll, bizarr, glücklich, hart, viel zu kurz, bemerkenswert lang, verspielt, enttäuschend, in Geborgenheit oder vogelfrei, vom Schicksal herausgefordert oder von Engelscharen begleitet. Aber immer war es ein einzigartiges, unverwechselbares Leben.

Als Trauer- oder besser: Abschiedsredner hat man das Privileg, in ein Menschenleben hineinhorchen, sich hineinfühlen zu dürfen. Man ist eingeladen, einen unbekannten Planeten zu betreten, einen beispiellosen Kosmos zu erkunden und zu entdecken. Und jedes Mal ist es ein Geschenk, eine bleibende Erfahrung. Über dieses ganz besondere Leben zu erzählen, den vielen Facetten eines Menschen in einer Rede gerecht zu werden, ist Aufgabe und Ehre zugleich.
Wie lässt sich aber ein Leben halbwegs oder tiefgehend erfassen, noch dazu, wenn zwischen der Anfrage von Angehörigen, die Verabschiedung zu übernehmen, und der Trauerfeier selbst nur wenig Zeit zur Verfügung steht? Manchmal eine Woche, manchmal vier oder drei Tage. Da geht sich kaum mehr als ein langes Gespräch aus, ein paar Telefonate und Mails, ein bisschen Recherchieren und Nachfragen.

Der Abschiedsredner muss also mitfühlend und zielstrebig zugleich agieren. Mit großem Verständnis dafür, dass jede Trauer anders ist, und dennoch so strukturiert, dass in den zwei, drei Stunden der persönlichen Begegnung die/der Verstorbene fassbar, spürbar wird? Dass aus einem Namen, ein paar Daten ein Menschenbild entsteht?

Mein „Hilfsmittel" ist der Fragenkatalog geworden, den ich mir im Laufe der Zeit erarbeitet habe. Ganz präzise Fragen zur Herkunftsfamilie, zu den Lebensumständen, der Kindheit, der Schulzeit, der Berufssuche, der eigenen Familie, den Hobbys und Interessen, den sportlichen und kulturellen Vorlieben usw., bis zur Zeit der Krankheit, der Pflege, des Sterbens oder des unerwarteten, schicksalhaften Todes. Den Katalog habe ich meistens vor unserem ersten, oft einzigen Treffen, an die Familie geschickt, mit der Bitte, die Erinnerung fließen zu lassen und mir die Antworten in kurzen Sätzen oder stichwortartig zurückzuschicken. Bei der persönlichen Begegnung konnten wir dann Fragen und Antworten vertiefen und das Lebenspuzzle bunt und anschaulich zusammenfügen. Zwei Fragen erwiesen sich immer als besonders spannend und ergiebig. Die Frage „Was bringt Sie zum Schmunzeln, wenn Sie an Ihre Mutter (Ihren Mann, Ihre Großmutter, …) denken?" Das bringt ohne Anstrengung ein Lächeln und eine Entspannung in das Gespräch … Und es ist immerhin ein Trauergespräch, kurz nach dem Tod eines geliebten Menschen. Die kleinen und größeren Schrulligkeiten eines Vaters, einer Ehefrau, eines Freundes ..., quer durchs Leben, der Humor, die Lebensparolen, Urlaubsüberraschungen, Ungeschicklichkeiten und Alltagspannen hellen die düstersten Stunden auf.

Die zweite wichtige Frage – an die Kinder, Freunde, Geschwister gerichtet: „Wie haben sich die beiden kennengelernt?" Oder – an den Witwer: „Wo und wie haben Sie Ihre Frau kennengelernt?" Wobei, einfach ein Erfahrungswert, die Witwen hier viel genauer, auch launiger, Antwort geben können.
Die allererste Begegnung, am Zuckerbäckerball, im Wartezimmer eines Zahnarztes, am Gang eines hoffnungslos ausgebuchten Zugwaggons – wo auch immer; diese Geschichten bleiben im Gedächtnis. Und stets sind es Geschichten im Glück, vom Glück. „Lasst uns über die Liebe reden …", und dann erzählt man vom ersten Kennenlernen, von der Aufregung der Verliebtheit, vom Rendezvous ein paar Tage oder ein paar Wochen später.
Über die Liebe zu reden, hellt jeden Lebenslauf auf; da muss man nichts schönfärben oder zurechtpolieren. Die Liebe hat immer bezaubernde Überraschungen parat.

Und dann gibt es auch und vor allem die berührende Liebe einer Frau zu ihrem, unserer Welt allmählich entschwindenden Mann, die Liebe der jüngeren zur älteren Schwester, einer Mutter zu ihren Kindern, die

Liebe zwischen zwei ungleichen Freunden, die Liebe eines Menschen zum Sport, zur Musik, zum Zirkus und vieles mehr.

Ich habe im Laufe der Zeit Hunderte Trauerfamilien kennengelernt, die mir von ihrem oder ihrer lieben Verstorbenen erzählt haben, und Hunderte Male, nein: jedes Mal, ist es auch um die Liebe gegangen. Um die große, die lebenslange, die konfliktbeladene, die dritte nach der zweiten und der ersten. Aber immer war von der Liebe die Rede.

Natürlich endet manche Beziehung, manche Ehe in Bitternis, und manche Enttäuschung lässt sich nicht wegzaubern. Wenn die Liebes-Episoden in einer Menschenbiografie schier unüberschaubar werden, weil der verstorbene Vater noch zwei Kinder aus einer ersten Ehe und zusätzlich zu den beiden Kindern aus der zweiten, immer noch gültigen Verbindung, ein Kind aus einem Seitensprung … – dann lese ich aus dem wahrhaftigen Gedicht *Was es ist* von Erich Fried vor:

… Es ist lächerlich, sagt der Stolz
Es ist leichtsinnig, sagt die Vorsicht
Es ist unmöglich, sagt die Erfahrung
es ist was es ist, sagt die Liebe.

Damit lassen sich bei der Abschiedsfeier schwierige Situationen respektvoll und warmherzig auflösen, manchmal sogar kleinere oder größere Misslichkeiten im Familienverband bereinigen. „Es ist, was es ist. Es war, was es war…"

Ach, lasst uns über die Liebe reden! Mit all ihren Spiegelungen und Brüchen. Über die Liebe und über das Leben. Und vergesst nie: Jeder Mensch ist ein eigener Kosmos, einzigartig, unverwechselbar.

„*Kommt ein Vogel …?*"
(Robert Grannersberger, 1969–2016)

Die Sissy gibt sich alle Mühe, spricht ihrem Mann sanft, zärtlich die beiden Wörter vor: „Noch ein …" Jetzt wartet sie geduldig, bis er, der Robert, das richtige Wörtchen gefunden hat. „Tor", sagt er mit unsicherer Stimme.

Richtig, Robert. „Noch ein Tor!" Also gleich noch einmal.

Für einen ehemaligen Fußballer ist das doch eine Winzigkeit. Wie oft hat er dieses Sätzchen im Stadion gebrüllt? „SAK vor, noch ein Tor!" Wenn er selbst kickte, hatte er es aus den Kehlen der Fans gehört: „Grannersberger vor, noch ein Tor!" Und jetzt?

Die Sissy gibt nicht auf, und der Robert strengt sich mächtig an. Neuer Versuch, dieses Kinderlied: „Kommt ein Vogel …" – „… geflogen". Bravo, Robert!

Am Ende seines Lebens war Robert Grannersberger ein Kind. Ein liebenswertes 47 Jahre altes Kind, ein lieber Mensch. Mit diesem verschmitzten Lächeln ab und zu; manchmal noch für ein paar Stunden den Schalk im Nacken. Wie auf dem Foto aus dem Steintheater in Hellbrunn auf der Traueranzeige. Und wie als Kind damals.

Er war dankbar für alles. Dankbar der Mama, die jeden Tag zu ihm herübergekommen ist. Dankbar für die zärtliche Bestimmtheit, mit der seine Frau, die

Sissy, auf ihn aufgepasst, ihn an der Hand genommen und durch sein so klein gewordenes Leben geführt hat. Die an seiner Seite war in den Stunden der Angst, sich gefreut hat, wenn er sich wohlgefühlt hat. Das lange, langsame Abschiednehmen. Dieses nicht leicht zu verstehende, nicht leicht zu ertragende Sich-Entfernen aus der für uns überschaubaren Welt.

Es ist so. Jeder Mensch ist ein eigener Planet – wertvoll, faszinierend, schön, spannend, liebenswert, interessant, facettenreich, anders, unvergleichbar, einzigartig. Manchmal können wir Planeten uns einem anderen Planeten annähern, beschreiben mit ihm ähnliche Flugbahnen im Universum, spüren genau dieselben Schwingungen, fühlen einander unendlich nahe, auf ein und derselben Ebene. Für kurze oder lange Zeit. Man kann das Liebe nennen, Vertrautheit, Herzgefühle.
Manchmal *bleibt* uns ein anderer Planet fremd oder *wird* einem, wodurch auch immer, fremd. Vielleicht auch wir ihm. Und wir kreisen nebeneinander her, als würden wir nicht denselben Kosmos bewohnen. Aber immer bleibt dieser Planet, dieser Mensch einzigartig, besonders, mit all seinen Ecken und Kanten, Schrulligkeiten, Liebenswürdigkeiten und seinen Geheimnissen.

Der Planet Robert Grannersberger war ein besonderer Planet, ist auf seiner Umlaufbahn um und durch diese Welt gezogen. Mit seiner eigenen Antriebskraft, seiner eigenen Sehnsucht, seiner eigenen Liebe.

Manchmal, besonders in den Jahren dieser gnadenlosen Krankheit, waren seine Geheimnisse für andere nicht zu entschlüsseln. Warum ist er so? Warum verhält er sich so merkwürdig? Wo kommen seine Stimmungen her? „Es ist so geheimnisvoll, das Land der Tränen", heißt es im *Kleinen Prinzen* von Saint-Exupéry. Manche Menschen haben den Planeten Robert im Laufe des Lebens aus den Augen verloren, ihn auf seinem Weg nicht mehr begleitet, begleiten können, begleiten wollen. Manchmal prallen Planeten auch gegeneinander, und einer wird oder beide werden aus ihrer Umlaufbahn geschleudert, für lange Zeit, für immer. Andere bleiben beisammen, in guten und in schweren Jahren.

Jeder Mensch ist ein eigener Planet: kostbar, einzigartig, besonders.

Am 2. April 1969 erblickt in Maxglan Robert Grannersberger das Licht der Welt, im gleichen Jahr wie Oliver Kahn geboren wurde, der Torhüter, im Jahr, in dem der erste Mensch den Mond betrat und die englische Rockband „Led Zeppelin" ihre erste LP herausbrachte.

1969 – das Jahr, in dem der SAK 1914 im österreichischen Fußballcup gegen die renommierte Wiener Austria (mit Köglberger, Fiala, Parits in deren Reihen) spielte und 2:5 verlor. Bei den Blaugelben aus Nonntal kickten heimische Größen wie Hannes Granzer oder Fredl Kainberger. Robert Grannersbergers Herz wird immer für die Blaugelben, für seinen Verein schlagen, so wie sein Blut immer „stiegl-rot" sein wird, wie das Rot seiner Brauerei. Eine treue Seele.

Robert ist das Jüngste von den vier Kindern der Maria und des Otto Grannersberger. Drei Geschwister gibt es bereits, jeweils im Abstand von vier Jahren geboren: Rosemarie, Othmar und Rudi. Der Vater ist gelernter Schlosser, Heizer bei der Stieglbrauerei und Nebenerwerbsbauer. Am kleinen Hof am Haslbergerweg gibt es zwei, drei Stierkälber, zwei, drei Kühe, ein paar Schweindln.

Der Robert ist ein quirliger Bub, voller Temperament, abenteuerlustig und unerschrocken. Kein „Kittlschliafa!" Er kraxelt überall hinauf, auch auf den „Bimbo", den Stier, auf dem er reitet, bevor er ihn in den Transportwagen Richtung Schlachthof treiben muss.

Der Robert ist kein Riese, als Kind kann er längere Zeit unterm Tisch durchlaufen, ohne sich den Kopf anzustoßen.

Angst ist ein Fremdwort für ihn, damals. Wie ängstlich wird er später sein, in den Zeiten der Krankheit, wenn ihm etwas fremd ist … eine Gegend, in der er noch nicht gewesen ist, ein Mensch, den er nicht kennt, und er sich lieber zurückzieht, daheimbleibt, die Augen schließt.

Furchtlos aber war er damals als Kind, beim Skifahren im Lungau, in der Heimat der Mutter, bei den Großeltern. Kein Weg durch den Wald war ihm zu gefährlich, kein Sprung über Gräben zu riskant. Mit den Geschwistern, Cousins, Freunden zuerst bergauf stapfen, eine Piste ausbretteln – und dann waghalsig „schuss" runterbrausen.

Oder auf den Pferden, den Haflingern, auf den Bergpfaden, zwischen den Bäumen herumreiten. Schöne Erinnerungen an die Ferienzeit in Lamm/Krottendorf im Zederhaustal. Und dass sich die Kinder dort nicht unbedingt jeden Abend die vom Herumlaufen schmutzigen Füße waschen müssen, bevor sie zu Bett gehen – einfach herrlich!

Fußball, Roberts große Leidenschaft. Kaum dass er laufen kann, beginnt er auch schon zu kicken. Mit den anderen auf den Wiesen in Maxglan, später dann beim SAK. Mitte der 80er-Jahre spielt er bei seinem Verein, dessen Erste es grad in die oberste Spielklasse, die Bundesliga, geschafft hat. Mit Ballkünstlern wie Detlev Szymanek oder dem Holländer Frenkie Schinkels! Robert Grannersberger ist auf dem Sprung in die Kampfmannschaft, aber dann werfen ihn Verletzungen aus dem Spiel.

Aus der Traum von der großen Fußballerkarriere! Das Talent dafür hätte er gehabt. Geblieben sind die schönen Erinnerungen und der berechtigte Stolz auf seine Erfolge am Spielfeld.

Dann also die Berufslaufbahn. Koch wäre so ein Gedanke. Er kocht sein Leben lang gerne und gut, vom Braten bis zum Apfelstrudel. Aber der Vater hat für ihn, nach absolvierter Volksschule in Moos und Hauptschule in Maxglan, eine Lehrstelle bei der Brauerei ausfindig gemacht. Der Robert wird „Stiegler", wie sein Vater. Ein „überzeugter Stiegler", einer mit Leib und Seele, Haut und Haar. Als Brauer, bei der Aufsicht über die Flaschenabteilung, auch beim Bewirten in der Brauwelt oder am Rupertikirtag. Für seinen Betrieb Tag und Nacht bereit für eventuelle Notfälle.

Auch bei den Treffen, den Feiern, den sportlichen Betätigungen der „Stiegler" ist Robert Grannersberger mit Begeisterung dabei, etwa an den Skitagen bei den „Stiegl-Rennen" auf der Reiteralm.

Bei seiner ersten Hochzeit ist der Robert grad einmal 20 Jahre alt. Die Liebe hat ihre eigenen Regeln. Die Liebe kommt, die Liebe geht. Es ist, was es ist, sagt die Liebe. Das Schönste aber, das die Liebe zu schenken hat, sind Kinder. Die schönsten Geschenke in Robert Grannersbergers Leben: Michael, Christian, Corina. Drei eigene Planeten in diesem Universum, besonders, kostbar, einzigartig, mit ihren eigenen Träumen und Geheimnissen. Robert Grannersberger ist verdammt stolz auf sie gewesen, war glücklich mit seinen Dreien, hat alles Mögliche und Unmögliche für sie gemacht; gekocht hat er gerne für sie. Vielleicht haben sie ja auch die Liebe zum Sport von ihm, vom Vater, geerbt, den Mut fürs Leben …

„Kommt ein Vogel …" – „… geflogen."

Die Sissy ist es, die den Robert durch das letzte Viertel seines viel zu kurzen Lebens begleitet. Beim Tanzen lernen die beiden einander kennen, im „Stiegl", bei einem Gschnas. Der letzte Tanz, ganz am Schluss, das war das behutsame Führen im Gleichschritt, auf die Terrasse … zum Badezimmer.

Damals, beim Kennenlernen, sind die Schutzengel zögernd im Gebälk gehockt, und die Sissy hat nur gedacht: „Bitte, tat's endlich weiter!" Sie haben die beiden zusammengeführt. Auch der Christian ist ihm ans Herz gewachsen. Und er dem Christian.

Die schönen Jahre … Robert Grannersberger war ein charmanter und zuvorkommender Gastgeber, seine Freunde, Elisabeths Freundinnen haben sich bei den beiden wohlgefühlt. Wie selig war er in der Natur, im Lungau, beim Schwammerlbrocken … das hat ihm Freude bereitet, wie konnte er sich über einen einzigen, grad aufgespürten Steinpilz freuen! So freuen sich Kinder und besondere Menschen!

Er, der Robert, wollte immer auch anderen eine Freude machen. Hat manchmal gesagt: „Ja, das mach ich gern", um niemandem, auch der Sissy nicht, eingestehen zu müssen, dass er „das" eigentlich gar nicht so gern macht. Flohmärkte, ja gern! Aber letztendlich eher, weil *sie* so gerne Flohmärkte besucht. Helfen, wenn jemand Hilfe brauchte – und niemandem zur Last fallen. Das war ihm wichtig!

Robert Grannersberger war ein „Geber", einer der mit Freude gegeben hat, Zuwendung, Mithilfe, sein Lächeln. „Einen fröhlichen Geber hat Gott lieb", heißt es in der Bibel. „Je mehr du gibst, umso mehr wächst du", schreibt Antoine de Saint-Exupéry, „… es muss aber einer da sein, der empfangen kann."

Der Robert hat so viel gekonnt und so viel gemacht, im Haus, im paradiesischen Garten, hat sich um keine Arbeit gedrückt („Im Garten arbeiten. Ja gern!"), mit logischem Denken und hausmännischen Fertigkeiten ausgestattet. Mit seiner Liebe und seinem Engagement. Im Haus, ums Haus herum, und genauso in der Brauerei.

Die kleinen Tagträumereien … vielleicht ein Boot am Mittelmeer … Schiffskoch wäre doch ein schöner Beruf …
„Es ist verrückt, alle Rosen zu hassen, nur weil Dich eine gestochen hat. / Oder auf alle Träume zu verzichten, nur weil sich einer nicht erfüllt hat", heißt es im *Kleinen Prinzen*.
Es hat nicht nur eine Rose gestochen und es haben sich einige Träume nicht erfüllt. Als ihm, dem gewissenhaften, seinen Betrieb so liebenden Menschen (das waren die Vorboten der Krankheit), Fehler bei der Arbeit unterlaufen sind … und immer öfter Fehler, da hat auch die Verstörtheit um sich gegriffen. Eines führt zum anderen. Unverständnis zum Wutausbruch, Fehler zu Ungeduld. Die frühe Pensionierung, krankheitsbedingt.

Der furchtlose Mann, der liebenswürdige Mensch auf dem Weg zum Kind, der einzigartige Planet Robert Grannersberger auf seinem Weg in ein für andere fremdes Universum. Nicht von allen, aber von seiner Frau Elisabeth, ihrem Sohn Christian, von der Mama und ein paar Herzensmenschen aus der Familie, aus dem Freundinnenkreis begleitet.

Natürlich haben die Rosen gestochen, als sich Freunde nicht mehr blicken ließen. Es ist nicht leicht, mit dieser unbarmherzigen Krankheit, die das Bekannte ins Fremde rückt, umzugehen.

Das lächelnde erwachsene Buddha-Kind, wie es aus der Steinhöhle in Hellbrunn hervorguckt, verschmitzt, den Schalk im Nacken. Aber wenn er den Rasen mäht, ruiniert er jetzt den Rasenmäher, und wenn er an der Heizung werkt, geht die Heizung kaputt. Und wenn er über die Straße läuft ... dann ist die Sissy sein Schutzengel.

Den Pflegerinnen, ohne die das Alltagsleben nicht mehr möglich wäre, macht er den Kaffee, Gentleman, der er war, der er immer noch ist. Früher hat der Robert gerne gesungen, Schlager, die Lieder von Wolfgang Ambros oder Reinhard Fendrich. „Weus d' a Herz hast wia a Bergwerk ..." – „Kommt ein Vogel ...", sagt die Sissy, „geflogen", fügt er hinzu.

Keine Lust mehr, zu entdecken, nicht mehr reden, nicht mehr schauen, einfach noch ein bisschen leben, geduldig, die kleine, große Zufriedenheit. Geborgen sein wie ein Kind.

Dann die Lungenentzündungen, das Krankenhaus, wieder heim ins Haus am Haslbergerweg. Die Betreuung durch Mitarbeiter des Palliativteams. Die Mama, die Sissy … nur noch Halten, Streicheln, ihm, dem Robert, leise, sanft vermitteln, dass alles gut ist.

„Als die Stunde des Abschieds kam, sagte der Fuchs zum Kleinen Prinz: ,Adieu. Hier mein Geheimnis. Es ist ganz einfach. Man sieht nur mit dem Herzen gut. Das Wesentliche ist für das Auge unsichtbar!'"

Vom Mädchen, das ein bisschen anders war
(Yuriko Natalie Hoshi, 1973−2013)

Was ist Glück? Was heißt: glücklich sein? Für jeden etwas anderes. Der eine ist glücklich über die teuren Geschenke, die er bekommt, zu Weihnachten etwa. Natalie Hoshi war glücklich beim Auspacken der Geschenke. Das Auspacken war ihr wichtiger als der Inhalt.

Das Glücklichsein, wenn man ganz große Karriere gemacht hat, ein stattliches Haus besitzt, kannte Natalie nicht. Sie war glücklich über ihre Arbeit als Hilfskraft im Landeskrankenhaus Salzburg, in der Abteilung für Physikalische Medizin und Rehabilitation. Die kleine Wohnung in der Lanserhofstraße in Maxglan, in der sie die letzten vier Jahre ganz allein gelebt hat, hat sie glücklich gemacht. Und zufrieden und auch stolz. Eigene Arbeit, eigene Wohnung. Ihr eigener Rhythmus, ihr eigenes, eigenständiges Leben. Man kann glücklich sein über einen Millionengewinn beim Glücksspiel. Oder glücklich sein, wenn einem die Patienten, für die man die Therapiebäder perfekt vorbereitet hat, Schokolade schenken, weil sie so zufrieden waren.

Natalie Hoshi muss oft glücklich gewesen sein. Es heißt, wenn man schnell unterwegs ist, beim sehr langen, kilometerweiten Laufen zum Beispiel, werden Glückshormone ausgeschüttet. Natalie Hoshi war in manchem langsamer als die anderen. Vielleicht war sie deshalb glücklicher, zufriedener? Oder anders glücklich, anders zufrieden.

Manche Menschen zeigen ihr Glücklichsein, indem sie alle und jeden umarmen und küssen. Natalie war, könnte man sagen, keine Welt-Umarmerin, aber sie war sehr glücklich, wenn Liam, ihr kleiner Neffe, grad 18 Monate alt, der Bub von Akemi, ihrer Schwester, und deren Mann Sven, die Ärmchen nach ihr ausstreckte, wenn er auf sie zutrippelte und sein Köpfchen in ihren Schoß legte. Liam war der, den sie, wenn er mit seinen Eltern zu Besuch war, umarmen und herzen konnte. Eine einzige Umarmung kann glücklicher machen als alle Freundschaftsküsse dieser Welt. Ja, Nathalie Hoshi war oft glücklich über das, was wir im Hochmut, in unserer Gedankenlosigkeit, „Kleinigkeiten" nennen. „Viele Menschen versäumen das kleine Glück, während sie auf das Große vergebens warten", schreibt Pearl S. Buck, die Literaturnobelpreisträgerin, deren Tochter übrigens seit der Geburt an einer, damals nicht behandelbaren, Erbkrankheit litt.

Natalie Hoshi war eine Lehrmeisterin in Sachen Glück. Der Name Natalie hängt mit Weihnachten zusammen, das sie sehr gemocht hat. Er kommt vom Lateinischen „dies natalis", also Tag der Geburt; übertragen: der Geburt Christi, Weihnachten. Natalie war sozusagen ein Weihnachtskind, mitten im Sommer geboren.

Als sie das Licht der Welt erblickte, in Tokio, hatte der Vater, Takashi Hoshi, ein weltweit gefragter Maschinenbau-Ingenieur, grad beruflich in Warschau zu tun. Und für das Baby war noch kein offizieller Name ausgesucht. Die Mama sagte Natalie zum Töchterchen. Die Japaner fanden diesen Namen wunderschön. Als der Vater von der Europa-Reise nach Tokio zurückkam, nannten sie bereits alle Verwandten und Familienfreunde Natalie. Dabei blieb es, bis heute.

Geboren wird Natalie Hoshi an einem Glückstag. Der 7.7. ist ein ganz besonderer Tag in Japan. Ein Festtag. Da wird Jahr für Jahr das Tanabata-Fest gefeiert. Kinder, die an diesem Tag zur Welt kommen, werden Glückskinder genannt. Das hat mit einer schönen Legende, der Sternenlegende zu tun. Der Geschichte der Prinzessin Orihime, Tochter des Himmelsgottes, die eine fleißige Weberin ist. Vor lauter Arbeiten ist es ihr nicht möglich, einen Mann an ihrer Seite zu finden. Da schickt ihr der Vater den Rinderhirten Hikoboshi und vermählt die beiden. Orihime und Hikoboshi entflammen sofort in großer Liebe. Ja, sie lieben einander so sehr, dass sie darüber vollkommen die Arbeit vergessen. Der Vater, der Himmelsgott, bekommt keine von seiner Tochter gemachten Kleider mehr. Und die Rinder seines Schwiegersohnes werden krank. Da erzürnt der Gott und verbannt mit seinen magischen Kräften den Hirten auf die andre Seite der Milchstraße. Und nur einmal im Jahr dürfen hinfort die Liebenden einander begegnen, an Tanabata, am 7. Juli, an dem der Legende nach die Sterne Altair und Wega sich am Nachthimmel treffen.

An diesem Tag werden in Japan poetische Wünsche auf bunte Papierstreifen geschrieben und an Bambusstangen befestigt, in der Hoffnung, dass sie in Erfüllung gehen.

Natalie Hoshi ist an einem Tanabata-Tag geboren, als erstes Kind von Takashi und Annemarie Hoshi. Die Mutter stammt aus Ostpreußen, der Vater aus Japan. Sie lernen einander in Düsseldorf kennen, bei der Arbeit. Der Maschinenbau-Ingenieur muss, für die japanische Firma Mitsui, später dann für Sony, oft seinen Wohnort, seine Lebensadresse wechseln. Geheiratet wird in Düsseldorf, aber dann geht es für vier Jahre nach Tokio. Und jetzt gehört also Natalie zu ihnen.

Bald führt die Lebensreise zurück nach Düsseldorf, wo zwei Jahre nach Natalie das zweite Mädchen, Akemi, das Licht der Welt erblickt. Dann Wien für zehn Jahre, schließlich Salzburg. Die kleine Familie Hoshi ist immer dort daheim, wo der Vater zu arbeiten hat.

In Wien lebt man in Mauer, im 23. Bezirk. Ganz in der Nähe befindet sich der Waldorfkindergarten. Hier fühlt sich Natalie wohl, findet Freunde, ist bei den Spielen und Späßen mit dabei. Sie ist kleiner als die anderen Kinder, aber das macht nichts. Sie ist ein bisschen langsamer. Das macht nichts. In Wien, auch dann in der Waldorfschule, ist das kein Problem. Natalie erlernt ein Instrument – die Leier. Die kleine Schwester, Akemi, spielt Geige.

Ach, Weihnachten ist immer so schön. Erst die Geige, dann die Leier. Das Weihnachtsevangelium, von der Mama gelesen, der Christbaum. Das Auspacken der Geschenke. Die Wiener Jahre sind eine unbeschwerte Zeit. In der Schule eine tolle Lehrerin, fröhliche, nette Mitschüler. In der Freizeit alles, was Spaß macht: Schwimmen, Radfahren, im Winter Skifahren. Mit der Schwester im Garten herumtollen. Ein bisschen langsamer, aber darauf kommt es nicht an. Niemandem.

In Salzburg, so scheint es, kommt es darauf an. Keine so aufmerksame Lehrerin mehr, keine so fröhlichen, netten Mitschüler. Oder nur wenige. Nur weil sie, die Natalie, ein bisschen anders ist, ein bisschen langsamer? In Salzburg gibt es eine Diagnose für dieses Anderssein. Die lautet „Turner-Syndrom", eine Chromosomen-Besonderheit. Damit wird man geboren. Jedes 2.500-ste Mädchen wird damit geboren. Auch wenn man an Tanabata zur Welt gekommen ist.

Jetzt ist das Mädchen 13 und es heißt: Mit diesem Syndrom kann man gut leben. Ein bisschen was ist anders, manche Entwicklung stellt sich zeitverzögert ein. Darauf kommt es nicht an. Vielen schon. Vor allem Mitschülerinnen und Mitschülern, die grad mitten in der Pubertät stecken, mit allem, was dazugehört.

Bei Natalie ist die Pubertät nicht ausgebrochen. Jetzt reden die anderen von ach so wichtigen Dingen, die ihr nicht vertraut sind. Mopedfahren, Tanzen, heiße

Partys, Flirten. Da kann, da will sie nicht mitreden, nicht mitmachen. Um die Kleine, die Langsame kümmern sich nur einige aus der Klasse. Die Schule bringt sie trotzdem bis zum Abschluss hinter sich. Die Familie kümmert sich umso mehr. Die Mutter, die Schwester, die ihre Natalie im Haus in Parsch beschützen, behüten, umsorgen.

Das Mädchen hat vieles, was andere nicht haben. Natalie ist äußerst gewissenhaft, vergisst nie etwas. Wenn man ihr sagt: „Weck mich um viertel nach sechs in der Früh", weckt sie einen um viertel nach sechs in der Früh. Sie merkt sich alle Daten, alle Geburtstage. Man kann sich auf sie voll und ganz verlassen. Sie ist pünktlich, manchmal – nicht immer zur Freude der anderen, ihrer Schwester zum Beispiel – über-überpünktlich.

Nach der Schule die Familien-Überlegungen, welchen Beruf Natalie ergreifen könnte: Was kann sie machen? Wo wird sie akzeptiert? Was will sie selbst? „Weiß ich nicht", sagt sie auf die letzte Frage. Die Mutter schickt sie auf berufsorientierte Jugendseminare in Deutschland. Massage wäre eine Möglichkeit, vor allem, als eine Ausbildnerin meint: „Die Natalie hat schöne, energiestarke Hände." Sie lässt sich in diversen Massagetechniken ausbilden, auch in Shiatsu-Therapie, massiert eine Zeit lang im Bekanntenkreis. Aber, auch das ein Symptom ihrer Erkrankung, sie scheut Körperkontakt, Berührungen sind ihr nie wirklich angenehm. Umarmungen auch nicht.

Natalie Hoshi werden 50 Prozent Behinderung attestiert. Da schafft Prof. DDr. Anton Wicker, der Primararzt auf der Uni-Klinik für Physiotherapie und Rehabilitation am Landeskrankenhaus, für sie eine eigene Arbeitsstelle. Als Hilfskraft, zuständig für die Bäder, auch für die Magnetresonanztherapie. Außerdem ist sie die verlässlichste Post-Vermittlerin, die sich denken lässt. Jetzt hat sie ihre fixen Aufgaben, ihren exakten Arbeitsrhythmus. Acht Jahre lang ist sie auf ihrer Station glücklich und zufrieden. Mit dem Job, mit den liebenswürdigen Mitarbeiterinnen, mit dem Essen in der Spitalskantine.

Akemi, die Schwester, ist mit 18 von daheim ausgezogen, ist nach Linz gegangen, um – nach der Waldorfschule in Salzburg – dort die Matura zu machen, und schließlich nach Amerika, um Psychologie und Kriminalistik zu studieren und auf diesen Gebieten den Bachelor und das Master-Diplom zu erwerben. Seit 2004 lebt sie mit ihrem Mann Sven in Malaysia.

2004 stirbt der Vater, Takashi Hoshi. Die Mama und die Natalie sind und bleiben unzertrennlich, ganz aufeinander abgestimmt. Im Jahr nach Vaters Tod bekommt Natalie ihren Arbeitsplatz. Und schließlich, 2009, ihre eigene Wohnung. Und kommt prima mit allem zurecht. Das große Glücklichsein, die ganz große Zufriedenheit. Eigene Arbeit, eigene Wohnung, eigener Lebensrhythmus.

Am Vormittag wird im Krankenhaus gearbeitet, zu Mittag in der Kantine gespeist. Am Nachmittag gibt es fixe Termine: Tee zubereiten, Duschen, Wäschewaschen im Keller. Alles in ihrem Tempo, gründlich und genau geplant. Und dann, wichtig, um Punkt 18 Uhr im Ersten Deutschen Fernsehen die Vorabendserie *Verbotene Liebe*. Bitte ja nicht anrufen um diese Zeit! Seit 1995 gibt es diese Daily Soap, Woche für Woche, von Montag bis Freitag. Sehr viele Folgen wird Natalie Hoshi nicht versäumt haben.

Ihre Schwester Akemi schaut sich in der Ferne, in Malaysia, viele Folgen im Internet an, damit sie Bescheid weiß, wenn Natalie sie am Telefon fragt, was sie von dieser oder jener Liebesverwicklung in der *Verbotenen Liebe* hält. Zu ihrem 40. Geburtstag, heuer am Tanabata-Tag, hat Akemi für ihr Schwesterherz eigenhändig unterschriebene Autogrammkarten der wichtigsten Darsteller dieser Lieblingsserie per Post bei der ARD besorgt. Was für ein kleiner, großer Liebesbeweis!

Der 40. Geburtstag. Ein festliches Essen mit ein paar Freunden und der Familie natürlich beim Schützenwirt in St. Jakob. Geburtstage hat sie sehr gemocht. Und Geschenke vor allem, weil man sie auspacken konnte.

Was Natalie Hoshi noch gern gehabt hat? Schwimmen, eine richtige Wasserratte ist sie gewesen. Was für ein gutes Gefühl, wenn der Körper im See, im Meer schwerelos wird. In Griechenland, in Jugoslawien, in der Türkei, am Wallersee, im Schwimmbad.

Reisen war schön. Immer mit der Familie. Zur Akemi nach Amerika, nach Asien. Viermal war sie bei ihr in Malaysia. Ist nach Thailand, Kambodscha, Indonesien, Singapur mitgeflogen. Das hat sie toll gefunden, aber es hat sie auch immer belastet. Weil dadurch ihre Alltagsroutine durcheinandergekommen ist. Was tun wir am Abend? Was geschieht morgen? In einer Stunde? Ungewissheit hat Natalie sehr verunsichern können. Dann hat Akemi sie wieder beruhigt. Bei ihr war sie in sicheren Händen. Behütet, beschützt.

Ein Schokoladen-Fan ist sie gewesen. Die Süßigkeiten im Café Schatz hat sie nicht verachtet; überhaupt das Essen, wichtig! Als Kind am liebsten: Schnitzel, Schnitzel, Schnitzel. Jeansröcke hat sie gerne getragen. Niemals Hosen. Ihre bevorzugte Kleiderfarbe: blau. Eine Orchidee, die ihr die Schwester einmal schenkte, hat sie durch viele Winter gebracht. „Akemi, deine Orchidee blüht immer noch!"

Malkurse bei Karin Unterburger, einer Maltherapeutin, hat sie besucht und dabei erstaunliche Bilder geschaffen. Bilder in zarten Farben, mit einer duftigen, berührend positiven Ausstrahlung. Manchmal musste man sie ein bisschen anschubsen, aber dann hat sie mit Freude weitergemalt. Der Mutter hat sie manches Bild überlassen, aber nur für einige Zeit, als Leihgabe. Natalie Hoshi war stolz auf ihre Werke.

Einmal, da war sie 23, 24 Jahre alt, hat sie begonnen, für Udo Jürgens zu schwärmen und hat sich alle CDs von ihm gekauft. Ein jahrelanges Schwärmen ist daraus geworden.

Und später für den Schauspieler und Fernseh-Conférencier Alfons Haider. Sogar seine Biografie hat sie gelesen, als eines der wenigen Bücher in ihrem Leben. Man nennt ihn den Küsserkönig, weil er so charmant und formvollendet allen Damen die Hand küsst. Im Fernsehen hat sie ihn bewundert, einmal sogar live im Salzburger Landestheater, das ist grad einmal ein Jahr her, im Stück *Butterbrot* von Gabriel Barylli. Der Onkel Heinz hat sie oft zum Lachen gebracht, auch wenn er sie ein bisschen auf die Schaufel genommen hat.

Liam, ihr kleiner Neffe, war der wärmste Sonnenstrahl in den letzten 18 Monaten. Wenn er ihr die Ärmchen entgegengestreckt, seinen Kopf in ihren Schoß gelegt hat, wenn sie ihn hochgehoben hat. Von ihm hat Natalie gelernt, dass man manchmal Rücksicht nehmen muss. „Wir müssen es so machen, wie es für den Liam richtig ist!" Sie hat auch gelernt, auf die Mama Rücksicht zu nehmen, als ihr klar geworden ist, dass selbst die Mama nicht unverwundbar ist, die Mama, die ihr immer ganz, ganz nahe war und auch jetzt noch ist.

Von der Natalie, sagt Akemi, die wunderbare Schwester, hat man lernen können, dass man die Welt nicht immer durch seine eigenen Augen beurteilen kann, sondern offen sein muss für andere Betrachtungsweisen. Natalie lebte, so Akemi, in ihrer eigenen Welt, die nicht für alle zugänglich war und die andere Werte hatte. „Entschleunigen" konnte man von ihr lernen. Selbst einmal langsamer werden.

„Viele Menschen versäumen das kleine Glück, während sie auf das Große vergebens warten." Natalie Hoshi war, weil sie ein bisschen anders war, eine Lehrmeisterin für die anderen. Eine Lehrmeisterin in Sachen kleines, großes Glück und Zufriedenheit.

Dem himmlischen Stern hinterdrein
(Richard Mühl, 1947–2012)

„Deine Wangalan" heißt die kleine Melodie, die du sehr gemocht hast, Richard. Tobi Reiser, der Jüngere, hat sie komponiert, das Reiser-Ensemble hat sie gespielt. Wir waren Hirten beim Salzburger Adventsingen, lang ist es her. Tobi Reiser, Karl Heinrich Waggerl, das war unsere Bubenzeit, Hirtenstock und Filzhut, der Andachtsjodler und der Stern, dem wir andächtig Jahr für Jahr gefolgt sind, auf dem Weg zum Stall von Bethlehem, auch wenn wir längst gewusst haben, dass der Stern bloß ein heller Scheinwerfer hoch droben im Beleuchterhimmel in der Aula oder im Festspielhaus gewesen ist.

Wer einmal Hirte war, der bleibt ein Hirte, dem Herzen nach, sein Leben lang. Du hast oft von dieser Zeit geplaudert, Richard, bist später gerne zu den Treffen der ehemaligen Hiatabuam und Hirtensänger gekommen. Wenn du aufgetaucht bist, nicht nur beim Hirtentreffen, ich glaube, das hast du immer und in jeder geselligen Runde so gemacht, hast du zuallererst jedem erzählt, wie lang du mit der Anni verheiratet bist. Und im nächsten Satz, dass du deinen erstgeborenen Sohn, den Richard, 1994 durch einen tragischen Unfall verloren hast. Das waren die ersten Sätze. Dann alles andere.

In der Nacht vor deinem so überraschenden Tod heute vor einer Woche, hast du mit der Nachtschwester im „Wehrle" ein bisschen geshakert, kavaliersmäßig, und hast ihr dein ganzes Leben erzählt. Der erste Satz war wohl der: „45 Jahre bin ich mit der Anni verheiratet!" Und der zweite: „Seit 18 Jahren ist mein erster Bub, der Richard, tot."

Du warst so stolz und so verwundbar zugleich. Kein Diplomat, weiß Gott nicht. Wie einseitig wäre das Leben, wenn es nur diplomatische Menschen gäbe! Die zu allem Ja und Amen sagen. Du bist immer den geraden Weg gegangen, und der führt manchmal mit dem Kopf durch die Wand. Du bist einer mit Ecken und Kanten gewesen, da eckt man hin und wieder an. Das ist halt so.
Du hast oft einfach die Wahrheit gesagt, gradheraus – das verträgt nicht ein jeder. Das Wichtigste: Du hast Handschlagqualität besessen, auf dich hat man sich hundertprozentig verlassen können, ob als Versicherungs-Kunde oder als Freund. Du hast geholfen, wo es was zu helfen gab, ohne Zögern und ohne auf die Uhr zu schauen. Warst einfach da – zur richtigen Zeit. Du mit deiner rauen Schale und diesem großen butterweichen Herzen!

Der Anfang, der Einstieg ins Leben, war nicht gerade leicht. Die Jahre vor deiner Geburt: Der Vater im Krieg, die Mutter mit zwei Mädchen, der Judith und der Helga, deinen älteren Schwestern, auf der Flucht vor den Russen – irgendwohin in den Westen. In der Unterfischach-Mühle bei Köstendorf sind sie angekommen, haben beim Bauern wohnen und mitarbeiten dürfen. Gott sei Dank ist auch der Vater unversehrt aus dem Krieg zurückgekehrt. Und dann hast du das Licht der Welt erblickt, Ritschi – am 24. Februar 1947.

Richard Mühl, genauso wie der Vater. Dein Vater war gelernter Tischler und später ist er Finanzbeamter geworden. Aber vor allem war er so geschickt mit den Händen, beim Bauen, beim Basteln, ach bei allem. Wie tatkräftig hat er später beim Umbau eurer so sehr geliebten Hütte am Fuß des Schlenken mitgearbeitet! Er hat dir früh beigebracht, dass ein richtiger Bub immer ein Taschenmesser, eine Schnur und Streichhölzer bei sich tragen muss. Das hast du als richtiger Bub befolgt und später an deine beiden Buben weitergegeben. Beim Bauern von der Unterfischach-Mühle bist du am liebsten mit dem Traktor herumgefahren. Aber dann seid ihr mit Kind und Kegel in die Stadt gezogen, Salzburg, Nonntaler Hauptstraße – die ganze Familie auf engstem Raum. Platz ist in der kleinsten Hütte. Und dann ist noch der Bernhard, der kleine Bruder, zur Welt gekommen.

Eure Mutter, Leopoldine Mühl, hat sich einen Namen gemacht als engagierte Funktionärin bei den ÖVP-Frauen. Du hast ja später auch, ihrem Vorbild folgend, viel Zeit und Energie in die Partei-Mitarbeit bei der Ortsgruppe Parsch gesteckt.

Du, Ritschi, hast die Volksschule in Nonntal besucht, bist beim Sternsingen als einer der Heiligen Drei Könige vor lauter Übermut in den Almkanal gefallen, aber dir ist nichts passiert und man hat dir statt dem nassen Heiligen-Gewand Klamotten aus der Altkleidersammlung der Pfarre angezogen, dass du dir keinen Schnupfen holst. Du hast im Nonntaler Kirchenchor mitgesungen, warst Handballspieler, Hirte beim Adventsingen und Ministrant.

Lasst uns über die Liebe reden. Dass Ehen im Himmel geschlossen werden, ist ein allseits bekannter Satz. Aber dass sich zwei junge Menschen in der Kirche ineinander verschauen, so sehr, dass sie später einmal heiraten, das kommt nicht so oft vor. Du warst also Ministrant im Nonntal, Richard, fromm und spitzbübisch zugleich. Grad einmal fünf Jahre jung, als du damit angefangen hast. Und später dann, als ihr Ministranten alt genug dafür wart, habt ihr, deine Kollegen und du, leidenschaftlich gern mit dem Herrn Pfarrer tarockiert, wenn er nicht grad im Brevier gelesen hat.

Wo Ministranten sind, da sind meistens auch die Jungscharmädchen nicht weit. Eines dieser Mädchen, sie ist noch in die Hauptschule gegangen wie du, hat Anni geheißen, die Anni vom Hinterholzerkai. Jedes der Mädels hat sich einen Ministranten ausgesucht, rein platonisch, nur so zum Anhimmeln. Sie, die Anni, hat dich erkoren, den schlanken, ranken Ministranten Richard, blond und blauäugig … obwohl sie eigentlich von einem Schwarzhaarigen mit braunen Augen geträumt hätte. Egal – es war ja ohnehin eine Liebe ohne Worte, aber eine mit Herzklopfen. Deinetwegen ist sie mit dem Rad jedes Mal in die Frühmesse gefahren, weil du so fromm ministriert und so spitzbübisch gelächelt hast. Ach, diese wunderbare erste Verliebtheit!

Dann haben sich eure Wege getrennt. Die Anni vom Hinterholzerkai hat eine Bürokaufmannslehre gemacht, du hast eine Zeit lang die LBA besucht, die Lehrerbildungsanstalt. Einer deiner Lehrer war Hans Katschthaler, der spätere Landeshauptmann, der jetzt drei Wochen vor dir gestorben ist. Dein Musiklehrer in der LBA wollte unbedingt, dass du ein Instrument erlernst, weil du so musikalisch warst. Orgel zum Beispiel. Bei euch daheim hätte es eine Harfe für dich zum Spielen gegeben. Aber das war nicht in deinem Lebensplan vorgesehen. Singen – gern. Und laut! Dein ganzes Leben lang. Hunderte Wander-, Berg-, Volks- und Wienerlieder. Die Kirchenlieder sowieso. Fehlerfrei und textsicher. Aber kein Instrument.

Und auch die LBA hast du vorzeitig wieder verlassen. Lieber zum Bundesheer, hast du gedacht, für eine Weile.

Dann habt ihr euch wiedergefunden, die Anni und du. Am 24. Februar 1965, an deinem 18. Geburtstag. Bei einem Fest beim Römerwirt in Nonntal, gleich gegenüber von eurem Wohnhaus.

Du hast einen Nebenbuhler, den die Anni ohnehin unbedingt loswerden wollte, unmissverständlich in die Schranken gewiesen. „Hoppla, jetzt komm ich!" Und die Sache war gelöst. Ihr habt getanzt, du und die Anni, und ihr seid beisammen geblieben, für immer.

Was für ein guter Tänzer du gewesen bist! Wenn die Anni mit ihren Bürokolleginnen unterwegs war, dann hast du auch mit denen getanzt, Kavalier, der du warst. Kein Ball, kein Fest, bei dem ihr nicht bis zum letzten Walzer getanzt habt. Als dich, später dann, das Knie im Stich gelassen hat, habt ihr zumindest in der Silvesternacht auf der „Hütt'n" zu lauter Musik den *Donauwalzer* getanzt, die Feuerwerkssterne am Nachthimmel. Ihr zwei, im schönsten Walzerschritt. Da hättest du am liebsten die ganze Welt umarmt!

„Mensch, lerne tanzen, sonst wissen die Engel im Himmel nichts mit dir anzufangen", hat Augustinus geschrieben. Die Engel, da droben oder da drüben, wo auch immer sich der Himmel befindet, werden sich reißen um einen Tanz mit dir. Und du, Gentleman der alten Schule, wirst ihnen keinen Tanz verweigern.

Du hast ihnen ja längst und stolz erzählt: „45 Jahre war ich mit der Anni verheiratet!" Vom Richard, dem Erstgeborenen, musst du nichts erzählen. Der ist ja längst bei dir. Ihr habt euch umarmt. „Alles ist gut." Und heute Nacht werdet ihr eine spontane Fahrt durch das Sternenmeer unternehmen, wie du, Ritschi, mit ihm früher das eine oder andere Mal, einfach so, spontan, mitten in der Nacht runter in den Süden ans Meer gedüst bist.

Im Jänner 1967 habt ihr in der Kirche Herrnau geheiratet, du und die Anni. Vier Monate später, die Liebe hat ihre eigene Zeitrechnung, ist der Richard zur

Welt gekommen. Ihr habt in Obertrum gewohnt, dann in der Josefiau – und 1970 seid ihr Parscher geworden und geblieben, im Haus gegenüber der Parscher Kirche.

Die Anni hat beim ORF zu arbeiten begonnen. Du, Richard, hast verschiedenes ausprobiert in deinem Berufsleben: Hypo, dann Verkaufsförderer bei einer Getränkefirma. Und neben der Arbeit, sprich: in der Nacht, hast du, fleißig wie du warst, bei der Firma Albus die riesigen Busse gewaschen und gesäubert, damit mehr Geld ins Haus kommt. Bald seid ihr ja zu viert gewesen. 1973 ist euch der zweite Sohn, der Christian, geboren worden.

Ein fürsorglicher Vater bist du gewesen, sagt der Christian. Immer da, wenn man dich gebraucht hat. Du hast den beiden „Türen geöffnet" und warst an ihrer Seite – das ist das Wichtigste, ob man sich immer ganz einig ist oder nicht.

Als der Richard und der Christian beim SAK Fußball gespielt haben, bist du selbstverständlich bei jedem Spiel dabei gewesen. Du warst ein richtiger Spielervater, hast alles in die Hand genommen, hast deine Buben unterstützt und angespornt.

Wenn der Richard auf Jungscharlager gefahren ist, bist du mitgefahren, als väterlicher Betreuer für alle. Du hast junge Menschen so gut motivieren können, Richard! Wenn der Christian ins Pfadfinderlager gezogen ist, bist du natürlich ebenfalls mitgekommen, hast organisiert, was zu organisieren war; und wenn noch Kochgeschirr gefehlt hat, hast du halt beim Bundesheer welches besorgt. Später dann, als der Christian in Graz studiert hat, hast du für ihn oft vorgekocht, hast ihm in der Kühltasche allerlei Köstliches und Nahrhaftes mitgegeben, damit der Bub, der Student, nicht verhungern muss.

Bei „SPAR" bist du Finanz- und Vermögensreferent gewesen, da hast du selbstständig wichtige Entscheidungen treffen müssen und hast dich dabei wohlgefühlt, zehn Jahre lang. Bis auch dieses Kapitel für dich abgeschlossen war. Bei der Wiener Städtischen hast du 20 Jahre lang gearbeitet als Kundenbetreuer. Ich weiß es selbst, wie gewissenhaft und ausdauernd du Menschen, die keine Ahnung vom Versicherungswesen haben, beraten und begleitet hast. Und wenn es gepasst hat, hat man ein paar nagelneue Witze dazu serviert bekommen. Du warst Bezirksinspektor, aber Titel waren für dich das Unwichtigste überhaupt. Zu deinen Aufgaben hat es auch gehört, in den Kasernen die jungen Grundwehrdiener über Versicherungen zu informieren. Das hat dir Freude gemacht. Junge Menschen hast du gemocht.

Du hast die Natur geliebt, Richard, und hast die Deinen mitgenommen, deine Familie und Annis Familie – in die Berge, auf den Hochkönig zum Beispiel. Urlaub auf den Almen! Als du selbst noch ein junger Mann warst, bist du mit deiner Schwester Helga mit dem Fahrrad über den Pass Lueg gestrampelt und dann seid ihr zu Fuß hinauf auf die Werfener Hütte gestiegen. Die Berge haben dich fasziniert.

Zur Bundesheerzeit hast du am Untersberg beim Seilbahnbau mitgeholfen und hast Ziegel geschleppt. Das karge Ziegelgeld ist nach den Anstrengungen meist fürs Durstlöschen draufgegangen.

Wo du glücklich warst? Beim Schwammerlsuchen in Hüttau! Auf Reisen, mit dem Auto nach Kroatien. Du, der Frühaufsteher, hast alle anderen zum Frühstück mit Obst und Gemüse versorgt, das du bei Sonnenaufgang gepflückt oder eingekauft hast. Die Kreuzfahrt durchs Mittelmeer, die Schiffsfahrt auf dem Rhein, die Reise zur Zitronenblüte in Nizza und Cannes. Wanderurlaube in Niederösterreich. Die Flugreisen nach Amerika, nach Florida … und einmal mit dem Wohnmobil von Los Angeles bis Las Vegas. Deinen 65. Geburtstag, heuer im Februar, habt ihr, die Anni und du, Richard, auf Mallorca gefeiert, als die Mandelbäume so wunderschön geblüht haben.

Über alle Maßen glücklich? Auf der „Hütt'n"! Seit 30 Jahren – in jeder freien Minute „auf der Hütt'n"! Am Fuße des Schlenken habt ihr einen Stadel umgebaut, habt jedes Brett händisch hinaufgeschleppt, und dein Vater hat dir geholfen beim Fenster-Einbauen. Die zweite Hütte, die in Adnet-Wimberg, ist schon gestanden, aber hübsch erweitert habt ihr sie, immer fest Hand angelegt. Und dann diese unvergesslichen Momente: In der Hütte sitzen, vor der Hütte sitzen, mit

lieben Freunden die prachtvolle Aussicht genießen, den Sonnenuntergang.
Einfach glücklich sein. Reden, singen, erzählen … wie lange du und die Anni schon verheiratet seid zum Beispiel. Voller Genuss das Bier trinken und den Schweinsbraten verspeisen, den du eigenhändig am alten Bauernofen zubereitet hast … oder deine Kaspressknödel. Ein begnadeter Koch bist du gewesen. 25 Leberknödel auf einmal – eine Kleinigkeit. Koch und Genießer. Beim Kochen hast du dich so gut vom Arbeitsstress und vom Alltagsärger erholen können. Redselig warst du. Und leutselig. Selig mit Leuten rund um dich.

Deine Anni hast du überallhin begleitet, auch zu den Dreharbeiten fürs *Klingende Österreich*. Du warst stolz auf deine Familie, über das erste Schulzeugnis eurer Enkelin Stefanie, lauter Einser!, hast du dich sehr gefreut. Vor vier Wochen warst du noch auf der „Hütt'n“, ein bissl was herrichten, für später.
Am Schluss ist alles so schnell gegangen. Dass du alles erledigt hast, hast du der Anni gesagt, „wann i' a Bankl reiß“. Das war deine Art: raue Schale, butterweiches Herz. Du hast viele Seiten des Lebens kennengelernt, nicht nur die strahlenden. Du hast verzweifelt und du hast so glücklich sein können, Ritschi, Hirtenbruder. Du hast dir den Himmel weiß Gott redlich verdient.

Barfuß über jeden See
(Robert Christl, 1922–2013)

Da braust einer übers Wasser, am Seil von einem Motorboot gezogen, mehr als 60 Stundenkilometer schnell – braust so dahin und hat nicht einmal Skier unter den Füßen. Barfuß ist er unterwegs, auf den nackten Sohlen. Nicht irgendeiner: Robert Christl, Weltmeister im Barfuß-Wasserskifahren!

Dreieinhalb Kilometer barfuß übers Wasser flitzen. „Dann passt du drei Tage lang in keinen Schuh hinein, so geschwollen sind die Füße", hat er mir erzählt, beim späten Besuch, keine vier Wochen vor seinem Tod, draußen in Itzling, in der Wohnung, in der er 65 Jahre lang gelebt hat. 26 Kilometer von seinem geliebten Mondsee entfernt, zu dem er bei jedem halbwegs schönen Wetter gefahren ist. Sein See, sein Club. Und er der Star, als Läufer und als Lehrer. Der Barfußkaiser.

„Er war ein Unikum, die Seele der Wasserschule, das Mädchen für alles", sagt Sepp Mörtl vom Wasserskizentrum Mondsee. Immer für alles und für alle da. Hunderte Menschen haben von ihm das Wasserskilaufen gelernt … Wie Hunderte Menschen im Winter von ihm das Schneeskifahren gelernt haben.

„Das Wichtigste ist", erzählt der Robert – und er kann so anschaulich erzählen auch ganz am Ende seines langen Lebens –, „dass du im richtigen Moment aus den Ski-Schlaufen springst und dann ganz flach arschlings und am Rücken auf der Wasseroberfläche landest. Wie ein Stein, den man über den See plattelt. Dann ziehst du den Körper hoch und braust dahin. Auf den Sohlen." So einfach ist das, wenn man einer wie er ist.

Wasserskifahren: Wahrscheinlich seine größte Leidenschaft – neben Skispringen, Kunstturnen, Turmspringen, Langlaufen, Drachenfliegen, Marathonlaufen und so weiter und so fort. 24 Sportarten in 46 Disziplinen hat er wettkampfmäßig betrieben. Und immer überall ganz vorne dabei. Einmal ist er Allround-Europameister in einer Kombination aus 20 Sportarten geworden!

Am meisten abgeräumt hat er freilich beim Wasserskilauf. 85 Medaillen allein bei Welt- und Europameisterschaften, davon 30 in Gold. Wenn man sein Trophäenzimmer in der Bognerstraße besichtigt, glaubt man, da müssen die Pokale, Medaillen und Urkunden einer ganzen Sportlergeneration deponiert sein. Es sind aber einzig und allein seine. 700 werden es wohl sein.

Darunter etwa ein Pokal, den ihm König Hussein von Jordanien persönlich überreicht hat. Dass er zweimal im Internationalen Guinness-Buch der Rekorde steht, hat ihn besonders stolz gemacht: 1997 mit 30 Teilnahmen an Wasserski-Europameisterschaften (es sind ja danach noch vier weitere gefolgt) und 2006 als ältester Schneeski- und Wasserski-Lehrer der Welt. Der Titel „Doyen der europäischen Wasserski-Elite" hat ihn gefreut und geehrt. In Florida, in Australien ist er, Robert Christl, Ehrenmitglied bei den diversen Barfuß-fahrer-Clubs. Letzten Sommer, das ist ja erst ein halbes Jahr her, ist er in bestechender Manier über den Mondsee gefahren, mit dem Mono-Wasserski, nach seinem 90. Geburtstag noch.

Dabei wäre sein Leben, das Leben des Robert Christl, nach einem halben Jahr schon fast vorbei gewesen. In Stall im Mölltal hat er das Licht der Welt erblickt. Am 26. Juni 1922. Der Vater: nicht da. Ein lediges Kind also. Und die Mutter sieht nur eine Chance, den Buben über die Runden, in eine halbwegs gute Zukunft zu bringen: Er muss nach Zell am See, zu den Groß-eltern, den Steinachers. Also bettet sie ihn im kalten Jänner 1923 in einen Wickelpolster und die Hebam-me macht sich mit ihm auf den Weg. Zu Fuß von Stall über Flattach bis Mallnitz, durch den Schnee, stun-denlang.

Der Robert, der Bub, hat Keuchhusten und ist dem Tod näher als dem Leben. Von Mallnitz aus geht es mit dem Personenzug nach Zell. Der Opa ist ein sehr tüchtiger, erfolgreicher Schuhmacher; die Oma, die der Robert später dann und immer „Mutter" nennen wird, schaut sich das hustende, kleine Würmchen im Wickelpolster an, meint lächelnd „So a liab's Biabl!", und schon gehört er zur Familie. 13 Kinder gibt es bereits, da kommt es den Steinachers auf ein weiteres wahrlich nicht an. „Bei dir", sagt die Oma, die „Mut-ter", später einmal, „hab i' ma nur die Geburt er-spart!"

Das „liabe Biabl" wird rasch gesund und entwickelt sich in Zell am See prächtig. Wird ein lebendiges Kind im wahrsten Sinne des Wortes. An jedem Spiel, an jedem Sport interessiert. Spielt Fußball auf der Straße, mit so einem Temperament, dass dann und wann eine Fensterscheibe dran glauben muss. Vor allem aber gibt es den See für den Sommer. Und die Berge und bald schon die Schanze im Winter!

Der Robert ist grad einmal 14 Jahre alt, als die Sprungschanze im Köhlergraben eröffnet wird, 1936. Der legendäre Bubi Bradl siegt mit einem Sprung über 81,5 Meter. Robert Christl schafft als Vorspringer immerhin 49 Meter, ohne Training und mit 2,40 Meter langen Skiern, in die der Wagner von Zell am See schnell zwei Rinnen auf der Waxlseite gezogen hat, damit man mit diesen Dingern halbwegs springen kann. Am Gersberg, später dann, wird der Robert den Schanzenrekord aufstellen, der ewig hält – 38 Meter. Bis ins Flache. Und dann haut es ihn hin und er liegt eine Zeit lang im Gips, vom Hals bis zum Bauch. Auch das gehört zu so einer unglaublichen Sportlerkarriere. Wie er ja auch das Barfuß-Wasserskifahren nicht ohne gewaltige Salti, spektakuläre, schmerzhafte Stürze erlernt hat. Aber irgendwie ist er immer aufgestanden. Und weitergefahren, weitergesprungen.

Zurück in die 30er-Jahre. Die Schule ist vorbei, der Robert hat etliche Jugend- und Ortsmeisterschaften in verschiedenen Sportarten gewonnen. Jetzt geht es um den Beruf. Robert Christl hat einen großen Traum:

Schauspieler möchte er werden. Einer wie der Heesters, der Albers oder der Willy Forst, die er in den Kinofilmen so bewundert. „Mach was G'scheites", sagen die Großeltern. „Schauspieler ist kein Beruf!" Also beginnt er eine Bäckerlehre in Lend. Bäckerlehrling, Bäcker sein – das heißt: In den Nachtstunden mit der Arbeit beginnen. Dann wird das Trainieren danach doppelt schwer.

Das wirft den Robert nicht aus der Bahn. Er ist willensstark und zäh. Und hat noch immer diesen Traum im Herzen: Schauspieler werden! Im März 1939 hat er als Bäcker ausgelernt. Drei Monate später ist er auch schon in Berlin. „Ich hab einen fürchterlichen Dialekt gesprochen", erzählt er. Also nimmt Robert Christl Sprechunterricht, in einer renommierten Schule, in die auch so prominente Leute wie Rudolf Platte und Heinz Rühmann gegangen sind.

Ganz unrecht haben die Großeltern nicht gehabt. Viel Geld kann man als Schauspielanfänger nicht verdienen. Man muss eher dazuzahlen. Immerhin kann er in einigen Stücken an Berliner Theatern als Statist mitwirken. Einmal steht er an der Volksbühne Berlin in der *Zirkuskomödie* mit Gusti Wolf gemeinsam auf den Brettern, die die Welt bedeuten. Oder bedeuten könnten.

Aber da ist schon Krieg, und jetzt beginnt ein ganz anderes Kapitel in seinem Leben. Robert Christl rückt zu einer Infanterie-Division ein. „Wer kann Skifahren?", heißt es.

Wer schon! Er natürlich; und schon ist er Gebirgsjäger. Wird im Laufe des Krieges mit seiner Einheit in

50

50 Nahkämpfe verwickelt. Hat sehr viel Glück, aber am 22. Juli 1943 verwundet ihn ein Bauchschuss lebensgefährlich. „Da ist die Kugel rein", erzählt der alte Herr und deutet auf die Narbe auf seinem immer noch braungebrannten Körper, vier Wochen vor seinem Tod, „und da hinten …", und jetzt dreht er mir den Rücken zu, „… ist sie wieder raus!"

Eigentlich könnte der Krieg ab sofort für ihn vorbei sein, aber er wird noch einmal mit einem „letzten Aufgebot" an Soldaten an die Fronten geschickt. Ins Baltikum, mit der „Ju 52". Über Tallinn, Reval hieß die Stadt damals, werden sie alle einfach aus dem Flugzeug geworfen und müssen per Fallschirm landen. Der allererste Fallschirmsprung für ihn. Ohne Training, wie so oft. Noch eine Verwundung kommt dazu: Eine Ferse wird ihm durchschossen. Dass er später auf dieser Ferse, vom Motorboot gezogen, übers Wasser braust – unglaublich.

Dann ist der Krieg endgültig vorbei. Robert Christl arbeitet wieder in der Bäckerei in Lend. Aber der Traum von der Schauspielerei lässt ihn immer noch nicht los. Diesmal geht es, von einer Bekannten vermittelt, die Beziehungen hat, nach Wien, an das Horak-Konservatorium. Bibiane Zeller und Peter Minich sind seine Schauspielschul-Kollegen. Peter Minich verdankt er es übrigens, dass er mit dem Rauchen Schluss gemacht hat. Robert Christl, der brillante Sportler, hat bis zu seinem 28. Lebensjahr viel geraucht, 30 Zigaretten am Tag. Der Opern-, Operetten-, Musical-Sänger Minich, der ein guter Freund geblieben ist und sich im Laufe des Lebens oft mit ihm am Mondsee getroffen hat, sagt eines Tages, 1950: „Wetten, dass du es nicht schaffst, damit aufzuhören!" Robert Christl hört in derselben Stunde damit auf, für immer, und gewinnt die Wette: 200 Schilling.

Die große Schauspielerkarriere hat sich nicht ergeben. In ein paar Filmen hat er kleinere Rollen übernommen, war dabei, als Luis Trenker seinen Dokumentarfilm über die *Männer von Kaprun*, über den Kraftwerksbau, gedreht hat. Und in Werbefilmen.

„Nivea Reklame" – wer hätte besser gepasst als der ewig braungebrannte, smarte Robert Christl? Werbung hätte er für Vieles machen können. Für Sonnenbrillen, Zahnpasta, bunte Hawaii-Hemden – aber vor allem: fürs Leben selbst. Was für ein flirrend buntes Leben!

Also doch Bäcker von Beruf. Und das gerne und mit vollem Einsatz. Wie immer in seinem Leben. Bäcker bei seinem Bruder in Salzburg. Und später beim „Haidenthaler". Bäcker bis zur Pensionierung vor gut 30 Jahren. Die Großeltern, die ja wie Eltern waren, haben schon recht gehabt. Für die Leidenschaft Sport war da allemal Platz genug. Bei der Schauspielerei wäre das viel schwieriger gewesen.

Wenn man den Namen Robert Christl nennt, bekommen heute noch viele Damen im reiferen Alter glänzende Augen und geraten regelrecht ins Schwärmen. „Womanizer", würde man heute sagen. Ein Charmeur. Einer mit einem g'sunden Schmäh; und getanzt hat er auch fantastisch. Turniertänze – Walzer, Tango, Slowfox und Rumba. Nie „schlampert" beisammen, immer ein Sir.

Am Tag, bevor ich mir seine Geschichten anhören darf, ist die Tochter von Bubi Bradl bei ihm, beim Robert, zu Besuch gewesen, zum Abschiedsbesuch. „So a fesche Frau!", hat der Robert gesagt.

Die vielen Prominenten, die er gekannt und die ihn geschätzt haben! Katerina Jacob, die Kommissarin aus dem *Bullen von Tölz*, hat ihn in den Goldenen Hirschen eingeladen, um mit ihm über ihren Vater zu plaudern, der im Krieg sein Vorgesetzter gewesen ist, Major Jacob. Der Schauspielerin Hildegard Knef hat er, als sie in Salzburg war, ziemlich krank, ein Bett in seiner Wohnung zur pflegerischen Betreuung überlassen. Sepp Forcher hat ihn in einem Brief „mein Über-Weltmeister" genannt. Jochen Rindt, Klammer, Goldberger, Hinterseer, Helmuth Lohner – alle haben sich gern mit ihm fotografieren lassen und mit ihm über den Sport, das Leben, das Theater geplaudert.

„I' möcht auch amoi so berühmt werden wie der Onkel Robert!" Der das gesagt hat, ist sogar noch berühmter geworden. Robert Christls Großneffe – Hans-Peter Steinacher, Doppel-Olympiasieger im Segeln. Wenn man Robert Christl nach dem Geheimnis für seine Fitness und für seine grandiosen Erfolge befragt hat, dann hat er immer locker aus der trainierten Hüfte heraus gesagt: „Viel Sport, kein Nikotin, viel Milch und Kakao, kein Alkohol, keine Sorgen!"

Das mit den Sorgen ist so eine Sache. Dass neben dem Beruf und dem Sport zu wenig Zeit für die Familie geblieben ist, das hat er, vor allem in den letzten Jahren und Monaten, sehr bedauert. Eine Ehe, die früh gescheitert ist. Und dann der Sohn, die Enkelin mit ihrer Familie, Urenkel. Viel zu selten in den Arm genommen. Alles im Leben hat seinen Preis. Und nichts im Leben kann man zurückdrehen.

Schön, dass Wolfgang, der Sohn, in einer der letzten Nächte bei ihm in der Palliativstation im Landeskrankenhaus sein konnte. Und dass Magdalena, die Enkelin, mit ihren Kleinen gekommen ist – mit dem Theo und dem Konstantin, der im Sterbezimmer noch Bilder gemalt hat für den Uropa.

Schön, dass die Frau Lackner, die liebe Nachbarin, sich so sehr um ihn gekümmert hat, und die Tante Mitzi und die Cousine Christa vor allem, die ihm in der allerletzten Nacht im Kerzenschein noch das lange Weihnachtsgedicht aufgesagt hat, das man in der Familie immer so gern gehört hat. Frau Dr. Faber, der Engel von der Palliativstation, hat extra für ihn, nachdem er noch die Krankensalbung bekommen hat, auf dem Klavier gespielt.

Was bleibt und was ihn stolz gemacht hat: die Anerkennung, die Wertschätzung in der Welt draußen und in seiner Heimat. Die Verdienstzeichen in Gold und Silber, seinen Lieblingsfarben, der Republik Österreich, des Landes Salzburg, der Sportverbände, der Wörtherseer und seiner Mondseer vor allem.

Geld hat Robert Christl mit dem Sport nicht wirklich verdienen können. Ein paar Hundert Schilling bei Wasserski-Vorführungen beim Seefest in Zell. Aber darum ist es ja nicht gegangen.

Er hat sein Leben gelebt, er, das liebe Biabl aus dem Mölltal, er, der so besondere Mensch, der mehr als ein Mal dem Tod von der Schaufel gesprungen ist, als Kind, im Krieg.

87 Meter: Seine Höchstweite beim Skispringen, einstmals in Bischofshofen, die Arme voraus, tadelloser Telemark.

Pumperlgesund, 90 Jahre lang. Dann, nach diesem schönen letzten Sommer am Mondsee, auf dem Mondsee – die Krankheit, gegen die es kein Gewinnen mehr gibt. Wenn ihn in den letzten Wochen seines Lebens ein Hospizbegleiter besucht hat, dann hat der Robert ihm – ach, dieses Elefantengedächtnis! – die lateinischen Gebete rezitiert, die er als Ministrant in seiner Kinderzeit in Zell am See gelernt hat.

In seinem Krankenzimmer daheim in Itzling, beim Fenster mit dem Blick ins Weite, bis zum Untersberg hin, steht der Hometrainer. „Da setz ich mich im Moment lieber nicht drauf", hat er gesagt, vier Wochen vor seinem Tod. Gegen den Tod, letztendlich, kann man nur verlieren. Robert Christl ist als fairer Verlierer abgetreten von der Lebensbühne. Nein, nicht als Verlierer, einfach als Zweiter. Hinter dem Tod. Einmal ist er bei der österreichischen Marathon-Meisterschaft Zweiter geworden, hinter der Marathon-Legende Adolf Gruber. „Der hat's leicht g'habt", hat er gemeint, „der hat ja nix anderes g'macht!"

Robert Christl hat diese Welt gefasst verlassen, in Frieden. Mit einem Lächeln und in großer Dankbarkeit für sein sagenhaftes, unvergleichliches Leben.

Die Zugfahrt ins Glück
(der Herr Fritz, 1942–2020)

Lasst mich mit dieser Geschichte beginnen, weil sie
erstens so hübsch ist und weil sie zweitens wohl die
entscheidende Geschichte war im gemeinsamen
Leben von Fritz und Gerlinde. Eine Weihnachtsge-
schichte. Weihnachten 1972, vor 48 Jahren also.
1972, noch rasch eingefügt, haben zwei Lieder die
heimische Schlagerparade dominiert: *Es fährt ein Zug
nach Nirgendwo* und *Ich wünsch mir 'ne kleine Miezekatze*,
vom Zeichentrickhund Wum interpretiert. Und den
hat, wie auch das Lied, der Meisterzeichner und -sati-
riker Loriot erfunden. Loriot, seine Kunst und seinen
Humor, hat der Fritz sein Leben lang gemocht und
bewundert.
1972 also. Eine junge Frau mit dem Namen Gerlinde
hat grad das Abteil im Liegewagen eines Zuges betreten. Nicht Nirgendwohin und auch nicht irgendeines
Zuges – es ist der „Wiener Walzer", der Nachtzug von
Basel nach Budapest. Sie ist Österreicherin, in Langenlois aufgewachsen, in Wien zur Krankengymnastin
ausgebildet, mit Berufserfahrung im Salzburger Kur-
haus, seit einigen Jahren in der Schweiz aktiv. Zurzeit
als Physiotherapeutin im Kantonsspital in Luzern.
Heute will sie für ein paar Tage heimfahren. Weih-
nachtsurlaub. Eine Mitreisende, auch für dieses Abteil
gebucht, hat einen schweren Koffer dabei, den die
beiden Frauen nicht auf die Gepäckablage hieven

können. Dann dieser Moment. Und dieser Satz. Ein Mann so um die 30 öffnet die Schiebetür zum Liegewagenabteil – und die Frau Gerlinde ruft voller Erleichterung: „Endlich ein Mann!" Gemeint war: Endlich einer, der den Koffer stemmen kann.

Aus dieser Szene, aus diesem Satz hätte Loriot wohl einen köstlichen Sketch gemacht, über den der Herr Fritz, wie er sich vorstellt, herzlich gelacht hätte. „Endlich ein Mann!" – zum Kofferheben.
Der erste Satz, die erste Begegnung, und sympathisch ist er auch. Ingenieur, Diplomkaufmann, aber solche Titel sind ihm, waren ihm immer völlig unwichtig. Dass er beim Elektrotechnikkonzern Brown, Boveri & Cie in Südafrika arbeitet, im Moment aber im Mutterhaus des Unternehmens in Baden bei Zürich beschäftigt sei, erzählt er. Und dass er in ein paar Monaten wieder nach Südafrika, nach Johannesburg, zurückkehren werde. Sympathisch ist er und fesch. Schnürlsamtjeans, schicker Pullover, leger und elegant zugleich. Dass Jeans, Blue Jeans vor allem, seine absolute Lieblingsgarderobe sind und er sogar auf Kunstereignisse verzichtet, wenn man sich dafür „aufmascherln" müsste, wie er es nennt, also die Jeans gegen eine Anzugshose wechseln, weiß die Frau Gerlinde noch nicht.
Man könnte doch nach der Rückkehr vom Kurzurlaub einmal gemeinsam essen gehen. Kurzum: Der erste Satz ist gefallen, die ersten Worte sind gewechselt. Und jetzt kommt erst einmal Weihnachten.

Die beiden bleiben in Verbindung. Man trifft sich wieder – und bald schon stellt der Fritz der Gerlinde eine schwerwiegende Frage. Ob sie nicht mit ihm nach Südafrika gehen möchte. Da muss man natürlich gründlich nachdenken. Fritz fliegt im April. Gerlinde im September. In Johannesburg beginnt sozusagen das offizielle Glück der beiden. Ein Dreivierteljahr später, im Sommer 1974, kehren sie gemeinsam zurück und schlagen ihre Zelte in Salzburg auf.

Was folgt, sind 47 Jahre Zuneigung, 47 Jahre Fürsorge und aufeinander Schauen. Liebe und Respekt. Jeder lässt dem anderen Freiräume für die jeweiligen Interessen und Besonderheiten. Gerlinde geht gerne Tanzen, der Fritz verweigert mit der augenzwinkernden Ausrede: „Ich hab einen Nagel im Knie!" Sie besucht Konzerte und Opern mit Freundinnen und Freunden, weil er sich so schwer von seinen Blue Jeans trennen kann und nicht in die Abendgarderobe schlüpfen mag. Opern und Konzerte sind ja auch im Fernsehen schön.
Außerdem genügt es, wenn einer bzw. eine von ihnen bei der Saunarunde und im Gesangschor dabei ist. Der andere, der Fritz also, hält die Gemütlichkeit daheim in Ehren.
Das Wichtigste: Beide freuen sich, wenn es dem anderen gut geht. Und wenn es dem oder der anderen nicht gut geht, kümmert sich der Lebenspartner mit Haut und Haar, von ganzem Herzen darum. Wie oft ist der Fritz mit dem Rad zur Gerlinde ins Diakonis-

senkrankenhaus gefahren, als es ihr so schlecht gegangen ist. Wie oft hat die Gerlinde den Fritz im Spital besucht, bei seinen diversen gesundheitlichen Problemen und vor allem in den schweren letzten Wochen auf der Herzchirurgie, auf der Intensivstation. Sie waren füreinander da, an hellen Tagen und in dunklen Nächten.

„Eine glückliche Ehe ist eine, in der *sie* ein bisschen blind und *er* ein bisschen taub ist", hat der Sir unter den Humoristen, Loriot, der Lieblingsautor vom Fritz, geschrieben. Einer der wenigen geistreichen, pfiffigen Sätze, dem die beiden widersprechen müssen. Jeden so lassen wie er ist, quirlig die eine, in sich ruhend der andere – und so viel wie erwünscht gemeinsam erleben. Da muss man nicht ein bisschen blind oder ein bisschen taub sein. Verstehen, vertrauen, sich freuen, wenn der Partner sich freut. Das ist die Basis für eine glückliche Ehe.

Sieben Jahre leben Fritz und Gerlinde glücklich, zufrieden und unverheiratet dahin, bis die Mütter, wir schreiben das Jahr 1980, meinen: Jetzt ist es aber Zeit! Die Hochzeit findet am Standesamt in Grödig statt, weil man den dortigen Standesbeamten kennt und der Fritz die „Trauungsfabrik" im Marmorsaal im Schloss Mirabell so gar nicht mag.

Die Hochzeitsreise wird mit einem großen Hobby von beiden verbunden: Tennisspielen. Und zwar an der Adria, in Bibione. Natürlich haben sie ein Doppelzimmer bestellt, aber noch unter ihren Vor-Ehe-Namen.

Sie bekommen auch ein Doppelzimmer, eines, in dem die beiden Betten weit voneinander entfernt sind. Noch dazu an der Wand festgeschraubt. Da lässt sich nichts zusammenschieben.

Fritz und Gerlinde können über diese kleine Einschränkung in der Flitterwoche herzlich lachen. Nur die Quartiergeber sind völlig aus dem Häuschen, als sie am letzten Tag erfahren, dass die beiden auf Hochzeitsreise in ihrem Hotel abgestiegen sind. „Luna di miele! Notte di nozze!" – und entschuldigen sich mit einem Prosecco nach dem anderen für das Missverständnis. Gerlinde und Fritz sind voll in ihrem Glück und ziemlich proseccoselig beim Abschiednehmen.

Der Fritz. Das Licht der Welt erblickt er am 9. Juni 1942 in Kittsee, ganz im Osten von Österreich, wenige Kilometer und eine Donaubreite von Pressburg, Bratislava, entfernt. Die Eltern, Vater Josef und Mutter Grete, leben in Pressburg, in Kittsee aber befindet sich ein Krankenhaus für die Pressburger. Für Geburten, für Neugeborene wie den kleinen Fritz.

Die Zeiten damals sind unruhig, gefährlich. Der Vater ist im Krieg, gerät in Finnland in Kriegsgefangenschaft. Und eines Tages, 1945, muss die Mutter samt der Großmutter und dem kleinen Fritz, grad einmal drei Jahre alt, die Flucht ergreifen, von einem Tag auf den anderen. Ach ja, ein Schwesterchen ist auch dabei, zwei Jahre jünger als Fritz – Monika.

Ist das der Zug, der nach Nirgendwo fährt, wie in dem erwähnten Lied? Es geht Richtung Krems und schließlich nach Haitzendorf, wo sich das sagenhafte Schloss Grafenegg befindet, dereinst (und auch heute wieder) ein stattlicher Schlossbau samt großem Park, quer durch die Jahrhunderte von namhaften Grafen bewohnt.

Aber jetzt, nach dem Zweiten Weltkrieg, ist das Schloss in die Hände der russischen Besatzungsmacht gefallen und von den sowjetischen Truppen verwüstet worden. Alles Brennbare hat man verheizt, nicht zuletzt die wertvolle Kunst- und Büchersammlung. Ein Onkel vom kleinen Fritz kann für „den Russen", den im schwer beschädigten Schloss herrschenden General und seine Mannschaft, arbeiten, als Chauffeur etwa. Und die Mutter von Fritz und Monika fungiert als Dolmetscherin und Sekretärin. Immerhin spricht sie drei Sprachen fließend: Slowenisch, Ungarisch und Deutsch.

Für die vielen Kinder, die mit ihren Familien in den Häusern rund um das Schloss, das eine Halbruine geworden ist, leben, ist das der herrlichste Spielplatz überhaupt. Man kann, wenn einem danach ist, die noch verbliebenen Fensterscheiben mit Steinen einschlagen, im Schlosspark herumtollen, Fußball spielen. Oder mit dem Hund vom „Russen", dem Alfi, durchs Gelände laufen. Oder den Ochsenkarren ziehen. Ländlich, unbeschwert, Abenteuer pur.

Als der Vater aus der Gefangenschaft zurückkehrt, findet auch er Arbeit in der dortigen Land- und Forstwirtschaft.

Nach dem Abzug der russischen Besatzer übernimmt wieder der angestammte Adel das Schloss. Nicht zuletzt die Familie Metternich. Mutter Grete wird Buchhalterin auf Grafenegg. Und der Bub, der Fritz, bereitet sich in der Volksschule Haitzendorf auf das künftige Erwachsenenleben vor. Viel später, wenn im Familien- oder Freundeskreis irgendein Rätsel oder eine besondere Frage aufzulösen ist, hört man aus seinem Mund oft den Satz: „Das weiß ich! Ich war ja in der Volksschule Haitzendorf!"

Dann die Realschule in Krems. Da kann der Fritz seine Liebe zur Technik erproben und ausleben. Zur Schule kommt er per Fahrrad und Bahn. Mit dem Rad zur Haltestelle, bei Wind und Wetter, Hitze und Frost. Und dann im Zugwaggon zum Unterricht. Die Realschule grenzt in Krems unmittelbar an das Realgymnasium. Dazwischen liegt ein Park, ein Pausenhof, der von den Schülerinnen und Schülern beider Schulen bevölkert wird.
Das Realgymnasium besucht damals ein Mädchen namens Gerlinde, ein Jahr jünger als der Fritz. Sie kommt von Langenlois mit dem Bus – er aus Haitzendorf/Grafenegg mit Rad und Bahn. Am Schulpausenhof werden sie wohl das eine oder andere Mal aneinander vorbeigelaufen sein. Sie haben keine Ahnung voneinander und keine Idee, dass sie das Schicksal einmal so fest zusammenbringen wird, gut 20 Jahre später. Keiner kann sich an den anderen erinnern, als sie auf der Weihnachtsfahrt 1972 von Zürich nach

Wien und später über ihre Schulerlebnisse von damals plaudern …

Fritz' Familie ist nach Wien übersiedelt, nach Alsergrund-Lichtental im 9. Bezirk − und der junge Mann besucht die HTBL, die Höhere Technische Bundeslehranstalt, Abteilung Maschinenbau, in der Schellinggasse. Das ist genau das Seine. Aber noch nicht alles. Kaum hat er den Ingenieurs-Titel („Schmalspur-Ingenieure" nennen die Lästerer die HTL-Absolventen) in der Tasche, beginnt der Fritz was ganz anderes. Er studiert Welthandel und wird Diplomkaufmann.

Wie gesagt: Titel waren ihm nie wichtig. Das Bundesheer muss er, da ist er schon Mitte 20, noch absolvieren. Als einer, der des Schreibens und des Lesens (nachweisbar!) mächtig ist, kann er in einer Schreibstube dienen. Jetzt ist er also Techniker, Mathematiker, im Welthandel erfahren, er kann so viel, er weiß so viel.

Da schmiedet er mit ein paar Schul- und Studienkollegen einen großen Plan. Mit dem Richard vor allem, der ihm fast ein Zwillingsbruder ist, durchs ganze Leben, mit dem der Fritz bis zuletzt lange Telefongespräche über Gott und die Welt geführt hat. In Südafrika, haben sie erfahren, wartet man auf Techniker aus Österreich. Die stehen in bestem Ruf aufgrund ihrer besonders guten Ausbildung. Auf nach Südafrika also! Die Eltern bringen den Fritz nach Triest, zum Schiff, und realisieren erst nach drei Wochen, als sich ihr

Sohn aus Johannesburg meldet, so richtig, dass er tatsächlich ausgewandert ist.

Mit wenig Geld ist er angekommen. Die erste Zeit, wir schreiben das Jahr 1967, wohnt der junge Herr Ingenieur in einem Migrantenhotel und wartet, was sich so ergeben wird, berufsmäßig. Zunächst wird er als Techniker an verschiedene Firmen verliehen. Bis er bei Brown Boveri anheuern kann, als technischer Zeichner von Plänen für Kraftwerke, Turbinenbauten und vieles mehr. Seine Zeichnungen sind imposante kleine Meisterwerke. Die Arbeit floriert, Fritz wohnt mit ein paar Kollegen im eigens gemieteten Haus und schließlich mit dem Freund Hermann und dessen Frau in einem Häuschen in Parkhurst, einem Vorort von Johannesburg.

Für eineinhalb Jahre wird er ins Mutterhaus von Brown Boveri nach Baden bei Zürich geschickt. Und kurz bevor er wieder zurück nach Johannesburg fliegt, trifft er – im Weihnachtszug 1972 – diese hübsche junge Frau, die ihm tatsächlich bald schon nach Südafrika nachreist. Sie, die Gerlinde, findet rasch Arbeit im General Hospital in Johannesburg, lernt den Fritz so richtig kennen und lieben – und beide verbringen wunderschöne Monate mit Arbeit, die ihnen Freude macht, und geselligen Abenden mit den ausgewanderten Studienkollegen und Geschäftspartnern vom Fritz.

So bereichernd und erfüllend diese Zeit auch ist, bei beiden taucht irgendwann ein bisschen Sehnsucht nach Österreich auf. Die letzten vier Wochen reisen sie mit einem VW-Käfer durch Südwestafrika.

Wo die Geschichte von Fritz und Gerlinde weitergehen wird? Wien oder Salzburg? Sie entscheiden sich für Salzburg, wo Gerlinde bereits über eine kleine Wohnung in Lehen und etliche Freunde verfügt. Sie, die erfahrene Physiotherapeutin, findet auch sofort einen Traumjob in Großgmain. Er, der Fritz, sattelt wieder einmal um. „Steuerberater" lautet jetzt sein Berufsziel.

Die ersten Tage in der Steuerberaterkanzlei, nach der südafrikanischen Sonne, sind schrecklich für ihn. In Salzburg schüttet es ohne Unterbrechung. Aber auch das geht vorbei, wie die Ausbildung vorbeigeht – und der Herr Fritz, bereits Ingenieur und Diplomkaufmann, ist jetzt tatsächlich auch noch geprüfter Steuerberater. Ein Beruf, den er nie ausüben wird.

Nein, er disponiert nach bestandener Prüfung postwendend um und widmet sich der Technik, wird bei der VOEST in Linz technischer Verkäufer für den Turbinenbau und andere große Projekte. Und das fünf Jahre lang. Während der Woche arbeitet und lebt er in Linz und am Wochenende ist er in Salzburg, bei seiner Gerlinde. Seit 1977 in der Eigentumswohnung in der Akademiestraße in Nonntal. Der finanzielle Grundstock dafür war übrigens ein gemeinsam mit Arbeitskollegen errungener Lottogewinn. Fritz im Glück.

Und noch ein großes berufliches und privates Abenteuer wartet auf die beiden: Singapur. Das Außenhandelsbüro der Voestalpine. Gerlinde ist inzwischen

Therapeutin am UKH in Salzburg, aber jetzt lässt sie sich für ein Jahr karenzieren, um mit ihrem Fritz nach Asien zu übersiedeln. Highlife für sie – ein tolles Leben für beide.

Während der Fritz als technischer Kaufmann sich um den Außenhandel und den Vertrieb von Voestalpine-Projekten kümmert, besucht Gerlinde die Alliance zum Französischlernen. Gemeinsam wird Tennis gespielt – außerdem gibt es in Singapur viele liebe Menschen aus aller Herren Länder, die bald zu Freunden werden: Engländer, Chinesen, Holländer, Inder. Bei den vielen Essens-Einladungen werden jeweils typische Nationalgerichte aufgetischt. Und wann immer Zeit bleibt, wird gereist. Gerlinde und Fritz besuchen Bali, Indien, Hongkong. Ein herrliches Jahr!

Dann der endgültige Wechsel zurück nach Hause, nach Salzburg. Gerlinde wird leitende Physiotherapeutin am UKH, Fritz arbeitet bei Hydrotechnik in Grödig und dann (und bis zur Pensionierung) als technischer Kaufmann bei der Firma Otis, dem weltweit führenden Unternehmen für Lift- und Aufzuganlagen.

Was den Fritz so liebenswert machte? Natürlich diese bedingungslose Liebe und Fürsorge seiner Gerlinde gegenüber. Dass sie sich mit ihm wunderbar „wegen eines Schmarrns" streiten, ihn zum Aufbrausen bringen konnte, aber nur für kurze Zeit. Die Versöhnung, auch die Entschuldigung folgte immer auf den Fuß. Dass er immer wusste, was er will. Dass er Gerlindes hervorragender Berater in Finanz- und Steuersachen gewesen ist. Dass man von ihm so viel über Wirtschaft, das Bankwesen, die Technik lernen konnte.

Bei den Familienfeiern hat er sich pudelwohl gefühlt. Genauso mit den Freundesrunden, dem Kaffeehausstammtisch jeden Samstagvormittag im Café Mozart. Ganz wichtig: Die schönen Reisen zu zweit oder mit Freunden – Städtereisen, Kulturreisen, immer wieder Italien (wenn man schon eine Frau hat, die so eifrig Italienisch studiert), England, Irland, Polen. Die Asienreisen. Kanada zur Silberhochzeit …

Ob der Fritz ein geschickter Heimwerker gewesen ist, hab ich die Frau Gerlinde gefragt, und sie hat mir mit zwei launigen Sätzen geantwortet: „Dem Ingenieur, dem fiel es schwör!", und dass er, wenn er etwas Handfestes in Angriff genommen hat, „den doppelten Doktor gemacht hat, bevor er fertig war!" Sprich: Sich beim Planen und Ausführen sehr viel Zeit gelassen hat.

Über Dummheit und Politik hat sich der Fritz ärgern können. Dieses Zitat von Loriot hat er sicher gekannt und bestätigt: „Der beste Platz für Politiker ist das Wahlplakat. Dort ist er tragbar, geräuschlos und leicht zu entfernen!" Und dann noch dieser Loriot-Spruch: „Jeder Säugling sollte sich so früh wie möglich mit einem Fernsehgerät beschäftigen, denn später hat er ja auch nichts anderes." Der Fritz hat einmal gesagt: „Der Erfinder des Zweitfernsehers hat den Nobelpreis verdient!" Zwei Menschen, zwei Temperamente, zwei

Programme – doppeltes Vergnügen. Dokus, Diskussionen, Wissenschaft – sein bevorzugtes Fernsehprogramm. Und Western!

Liebe ist, wenn er das Frühstück macht und sie für das passende Dekor sorgt, Morgen für Morgen. Liebe ist, wenn er und sie abends im Bett in ihren Büchern schmökern – und sich gegenseitig vorlesen, wenn etwas besonders lustig oder spannend ist. Bei den Büchern des Hugo Wiener konnte sich der Fritz genauso zerkugeln wie bei Loriot. „Wussten Sie schon, dass die Alpen einen ganz erbärmlichen Anblick bieten, wenn man sich die Berge einmal wegdenkt?" Loriot. Aber auch Bücher über Geschichte, Zeitgeschichte, Politik, Biografien hat er verschlungen.

Kaffeehäuser waren wichtig. Zeitunglesen im Café Glockenspiel, im Café Mozart, im Bazar. Zwiebelrostbraten und Frisches vom Fisch Krieg am Hanuschplatz, guter Wein, Cidre und Bier. Tennis und Golf, Radfahren. Das Fahrrad – sein ständiger Begleiter. Wenn Fritz und Gerlinde gemeinsam mit dem Rad unterwegs waren, hat jeder sein eigenes Tempo fahren können – auch das ist Liebe. Anders als der andere sein – und sich perfekt ergänzen.

„Leben und leben lassen", das Lebensmotto des Herrn Fritz. 47 Jahre Beisammensein, 40 Jahre Ehe. „Ein paar gemeinsame Jahre hätt' ma schon noch gern!" Der Wunsch, der Stoßseufzer in der Zielgeraden des Lebens. Der Wunsch hat sich nicht erfüllt. Die letzten fünf Jahre waren Jahre mit vielen gesundheitlichen Problemen und körperlichen Einschränkungen. Dass das Herz nicht mehr mitgespielt hat, war die traurige Überraschung. Das Herz hat doch immer mitgespielt!

Mir bleibt das Staunen über dieses bunte, reiche Leben, der Respekt. Der Frau Gerlinde bleibt der berechtigte Stolz, die Erinnerungen mit den vielen Glücksmomenten daheim und in der weiten Welt. Der verschmitzte Blick, das sanfte Lächeln. „Endlich ein Mann!", bei der Weihnachtsfahrt anno 72. Nicht nur fürs Kofferheben. Fürs Herz, für die Seele, fürs Glücklichsein.

„*Ach, der Professor!!!*"
(Peter Köchl, 1947–2019)

Zwei Wochen vor seinem Tod bekam der Peter im Raphael Hospiz einen bemerkenswerten Besuch: „Seine" Würstelfrau, die Frau Eva vom Stand am Grünmarkt, machte ihm, dem Sterbenskranken, ihre Aufwartung. Das Wort „Würstelfrau" hat für uns ehemalige Schüler vom Akademischen Gymnasium (der Peter war von der 5. Klasse bis zur Matura bei uns) einen besonderen Klang. „Musst ja nicht ins Gymnasium gehen", hat uns unser Klassenvorstand und Lateinprofessor Göbel oft genug ermahnt, „kannst ja auch Würstelfrau werden!" Das eine oder andere Mal hat der Satz wohl auch dem Köchl Peter gegolten. Dass seine Würstelfrau bei ihm war, hat ihn sehr gefreut.

Eine Woche vor Peters Tod gab es einen anderen bemerkenswerten Besuch. Bundeskanzler Sebastian Kurz kam samt Bürgermeister Preuner ins Hospiz, um sich über diese wahrlich segensreiche Institution für unheilbar kranke, sterbende Menschen zu informieren. „Peter, der Bundeskanzler ist im Haus, sollen wir ihn zu dir schicken?" Vielleicht hat er sich gedacht: Nicht nur die Römer spinnen, auch der Müller spinnt! Aber es war wirklich Sebastian Kurz, und der Peter sagte schließlich: „Ja, soll er kommen."
Und tatsächlich: Der Bundeskanzler der Republik Österreich trat mit dem Bürgermeister der Stadt Salz-

burg und einer kleinen Delegation ins Zimmer Nr. 3 im Raphael Hospiz. Das war Peters letztes Zuhause, drei Monate lang, seit dem 11. Dezember. Borromäums-Freund Peter Plaikner und ich gingen zufrieden unserer Wege. Was für ein Abschiedsbesuch! Am nächsten Tag wollte ich es genau wissen. „Und, wie war's mit dem Bundeskanzler? Erzähl!" Der Peter konnte nichts erzählen. „Ich hab ihn gar nicht gesehen!" Die Hospizärztin Ellen, die mit dabei war, hat es mir erklärt. „Der Herr Köchl hat geschlafen."

Bei der Würstelfrau war er hellwach, beim Bundeskanzler hat er geschlafen. Das hat irgendwie zum Peter gepasst. Wobei eine Hospiz-Schwester uns verriet, dass der Herr Köchl manchmal, wenn er seine Ruhe haben wollte, einfach die Augen zugemacht und so getan hat, als ob er schliefe … auch beim Bundeskanzler?

Eines der Geheimnisse, mit denen uns der liebe Freund auf dieser Erde zurückgelassen hat.

Ein bisschen schrullig, eigen, nein: besonders war er schon. Der Peter hat ja immer und gern im Café gefrühstückt und im Gasthaus gespeist. Neben den Reisen der einzige „Luxus", vor allem in den Pensionistenjahren. Als er bereits auf der Onkologie im Landeskrankenhaus seine Chemotherapie gegen den Bauchspeicheldrüsenkrebs bekam, hab ich einmal gefragt: „Du, die Kellnerinnen in deinen Cafés werden sich schon Gedanken machen, weil du nicht mehr kommst. Soll ich wen grüßen von dir?" Und

der Peter: „Aha. Ja, bitte, die Andrea im Classic …
und die Dagi … und die Brigitte. Und im Central die
Katharina!"

Ich bin also ins Café Classic, hab der Frau Andrea
seinen Gruß ausgerichtet, „vom Peter Köchl". Und
die Frau Andrea: „Von wem?" – „Von Peter Köchl,
der frühstückt ja fast jeden Tag bei Ihnen!" Die Frau
Andrea fragt die Dagi und die Brigitte: „Kennt ihr einen Peter Köchl?" Kennen die beiden auch nicht. Erst
als ich am Handy ein Foto vom Peter herzeige, ist alles
klar: „Ach, der Professor!"
Im Café Central, einen Katzensprung von seiner kleinen Wohnung im Sauterbogen im Königsgässchen
entfernt, ist es genau das Gleiche: „Ach, der Professor!" Oder: „Ach, der Don Pedro!" – Dass am Klin-
gelbrett beim Hauseingang nicht „Peter Köchl", sondern „Erstes Obergeschoss" stand, fügt sich in dieses
Bild.

Der Peter. Über sein Privatleben hat er so gut wie nie
erzählt. Niemandem. Nicht uns Klassenkameraden,
nicht den Borromäisten, nicht den Lehrerkollegen. An
seinem Krankenbett im Raphael Hospiz haben sich
zu seiner Freude, zu seinem Staunen, viele Weggefährten aus den unterschiedlichen Lebensbereichen
eingefunden. Ja sogar die eine oder andere Freundschaft ist hier, in Peters Krankenzimmer im Hospiz,
geknüpft worden. „Wisst ihr was Genaueres über sein
Leben?" – Niemand hat wirklich etwas gewusst.

Dass seine Kindheit nicht uneingeschränkt schön, sondern auch hart und bitter gewesen sein muss, in wichtigen Lebensbelangen jedenfalls, das hat sich herumgesprochen.

In Eben im Pongau geboren, am 26. Juni 1947, nach der Schwester Rosi als zweites Kind des Schneiders Ludwig und der Krankenschwester Marianne Köchl. Mit der Mutter, nach der Scheidung der Eltern (da war der Peter grad einmal acht), übersiedelt von hier nach da, von da nach dort, wo es eben Arbeit für sie gab. Neumarkt, Vöcklabruck. Als die Mutter am Dürrnberg ein Zuhause und eine Anstellung findet, kommt der Peter nach Salzburg.

Schule samt Internat am Erzbischöflichen Privatgymnasium Borromäum. Der Wechsel vom Borromäum ans Akademische Gymnasium. Wohn- und Lebensmittelpunkt damals: das Schülerinternat der Pallottiner auf dem Mönchsberg. Matura, Bundesheer, Beginn und baldiger Abbruch eines Theologiestudiums in Wien. Pädagogische Akademie. Und schließlich der erste Lehrerposten an der Hauptschule Lend im Pinzgau. An die 15 Berufsjahre dort hat sich der Peter besonders gern erinnert. Und die Schüler von damals, aus Lend, Embach, Dienten, an ihn, wie etliche Nachrichten auf der Gedenkseite der Bestattung Jung im Internet belegen oder Einträge auf der Facebookseite seines Lehrerkollegen und Freundes Hubert Herzog.

Auf Lend folgt in Peter Köchls Lehrerkarriere Thalgau, sieben Jahre lang, dann Oberndorf, das „Polytechnische", Neumarkt am Wallersee und parallel dazu die wichtige Tätigkeit als Lehrer für Kinder mit anderer Muttersprache in verschiedenen Salzburger Gemeinden.

Als Peter Köchl vor gut drei Monaten im Raphael Hospiz einen Platz für seine letzte Lebensetappe bekam, hat Walter Sachers, sein Nachbar im Königsgässchen, ihm ein paar Sachen aus der Wohnung ins Krankenzimmer gebracht.

Zwei Hinterglasbilder etwa: Der heilige Petrus natürlich und der heilige Christophorus, der ja unter anderem der Schutzpatron der Reisenden ist. Eine imposante aufrollbare Weltkarte, auf der der Peter alle seine Reiseziele und die dazugehörigen Reisewege eingezeichnet hat. Und dann noch das Abschiedsgeschenk einer 4. Klasse Haupt in Lend. Eine Zeichnung, die Peter als fröhlichen, antik gekleideten Römer darstellt. Weil der Lehrer Köchl so faszinierend über das Römische Reich erzählen konnte, über dessen Aufstieg und Zerfall, über das Rechts- und Steuerwesen, die Kultur des Imperium Romanum … ach, einfach über alles. Und außerdem wusste er so viele lateinische Zitate.

Mit ein paar Lehrerkollegen und -kolleginnen hat der Peter sogar einen kleinen, feinen „Römer-Club" gegründet, mit ihm selbst als Tribunus und dem Kollegen Herzog als Centurio. Es gibt Fotos, da treten die Herrschaften beim Faschingfeiern als waschechte Römer in der Tunika in Erscheinung, samt goldenem Lorbeerkranz im Haar.

Lateinische Zitate, kluge und alberne – der Peter hatte immer eines bereit. Als ich, ein paar Tage vor seinem Tod, im Hospizzimmer sagte: „Peter, ich muss aufs Klo", antwortete er, mit seiner immer noch festen, tiefen Köchl-Stimme: „Navigare necesse est!" Was eigentlich bedeutet: „Seefahrt tut Not!" Es gab aber zu unserer Schulzeit schon eine andere, küchenlateinische Übersetzung, die uns Knaben natürlich weit besser gefiel. „Navigare necesse est". (Verzeihung, aber der Peter, auf dem Sterbebett noch den Schalk im Nacken, hat es so gemeint) „Schiffen ist notwendig".

Peter Köchl fehlt eindeutig im Salzburger Stadtbild. Der Peter, vom Platzl über die Staatsbrücke Richtung Dom gehend, Sonntag für Sonntag. Oder über den Mönchsberg, hier, am Müllner Friedhof vorbei aufs Bräustübl zu, nach einem langen Spaziergang einschließlich einem Mittagsessen oder einer Jause bei den Pallottinern. Oder am Salzachufer entlang vom Maturanten-Stammtisch beim Krimplstätter heimwärts. Am Christkindlmarkt, bei den Opern-Festspielnächten am Kapitelplatz … und so weiter.
Der Peter war ja eine treue Seele; die Orte und Freunde seiner Lebensgeschichte, quer durch die Jahrzehnte, hat er nicht vergessen. Pallottiner-Treffen, Stammtische der Borromäisten, der Kolleginnen und Kollegen vom CLV, vom Christlichen Lehrerverein, der Klassengemeinschaft vom Akademischen. Gemeinsame Ausflüge … und die privaten Besuche in Lend, Dienten, Altenmarkt, am Dürrnberg …

Er war all die Jahre nicht nur der verlässlichste Teilnehmer dieser Treffen, er war auch ein äußerst gewissenhafter Organisator. Der Peter, der als Einziger weder Handy noch Computer besaß, hat vom Festnetztelefon in seiner kleinen Mietwohnung aus uns immer wieder erinnert und ermahnt. – Ja, er hat insgeheim oder offiziell über jedes Treffen penibel Buch geführt, ein Anwesenheits-Protokoll, sein „Köchl-Verzeichnis", könnte man sagen.
Beim Durchblättern eines einschlägigen Heftes hab ich dieser Tage feststellen müssen, dass ich viel zu oft unentschuldigt gefehlt habe.

Peters Köchls Reisen, die Diavorträge und die Erzählungen, die viele fasziniert haben, Schüler, Lehrerkollegen, Weggefährten durch all die Jahre wie, um ein schönes Beispiel zu nennen, Bettina Zitz-Maasa, die der Peter mit seiner Begeisterung für ferne Länder dermaßen anstecken konnte, dass sie selbst zur Reisenden geworden ist, in den fernen Osten etwa. Im Raphael Hospiz, wenn er gefragt wurde, und er wurde in diesen drei Monaten oft gefragt, hat er bereitwillig erzählt, vor allem an den Dienstagen, solange es ihm möglich war. Der Dienstag ist im Hospiz immer Kaffee-und-Kuchen-Tag. Peter hat sehr lange all seine Kräfte mobilisiert, um in der kleinen Wohnküche im ersten Stock dabei zu sein. Da war er dann, im Rollstuhl sitzend, der absolute Mittelpunkt, bewundert von haupt- und ehrenamtlichen Mitarbeiterinnen und dem einen oder anderen Besuch.

Mit seiner bis zwei Tage vor seinem Tod volltönenden Stimme hat er da berichtet von den Reisen zum Polarkreis oder nach Südafrika. Von seiner großen „Reise rund um die Welt", Istanbul, Neu Delhi, Bangkok, San Francisco, New York, Honolulu, Tokio. Von Hafenrundfahrten und Besuchen in den Armenvierteln, in buddhistischen Klöstern und trostlosen Bahnhöfen. Von seiner „Reise mit dem Zug ins Reich der Mitte" über Novosibirsk und Irkutsk nach China, samt Begehung der Chinesischen Mauer.

Reisen per Flugzeug, per Bahn, mit dem eigenen Auto und sehr gerne auch per Bus. Vor ein paar Jahren etwa, anlässlich eines Schuljubiläums, mit der großen Borromäums-Familie auf den Spuren des Namensgebers, des heiligen Karl Borromäus, in Mailand, am Lago Maggiore... Und so weiter und so fort. In einem Reisebericht, eine andere Italientour betreffend, liest man, in Peters kritischen Worten: „Das Beste am Hotel war der Hund Spondi!"

Ganz am Schluss, in einer seiner letzten Nächte im Raphael Hospiz, hat der Peter geträumt, dass er, elegant gekleidet, in der Tanzschule eine Dame übers Parkett führt. „In welche Tanzschule bist du eigentlich gegangen, Peter, Mirabell oder Moll?"

Und er: „In keine! Ich hab überhaupt nie getanzt." – „Du bist also ein echter Traum-Tänzer!" – Peter: „Ganz genau!"

„Der Herr Köchl ist einfach ein ganz besonderer Mensch, eine Persönlichkeit", so die Feststellung einer

Hospizschwester. Und sie war mit ihrem Satz wahrlich nicht allein. Ein ganz besonderer Mensch, der Peter. Er konnte auch Menschen vor den Kopf stoßen, durch seine mitunter rigorosen Stimmungswechsel. Wenn er jemanden aus seinem Freundeskreis verbannt hat, aus welchem einsichtigen oder uneinsichtigen Grund auch immer, dann war das meist endgültig. Geheimnisse, die nicht zu lösen waren und nicht zu lösen sind. Was auch immer ihn manchmal bitter, wohl dann und wann auch ungerecht werden ließ.

Die schönen Erinnerungen bleiben. An den geduldigen Zuhörer und klugen Welt-Erklärer, den kameradschaftlichen Kollegen, den aufgeschlossenen, besonnenen „Schuimoasta", den geselligen, manchmal auch sehr nachdenklich-stillen Freund.

Jeder soll „seinen" Peter Köchl im Herzen bewahren. Bei „meinem" schwingt immer dieses Lächeln mit, als er vom Besuch seiner Würstelfrau erzählt hat … und die Frage, ob er beim Besuch des Bundeskanzlers wirklich geschlafen hat?

Als der Krampus vor der Tür stand
(Thomas Heil, 1933–2019)

Von all den Geschichten, die ihr mir über ihn, den Heil-Opa, den Tommy, erzählt habt, hat mich diese besonders berührt und erheitert gleichermaßen. Eine Geschichte, die sich Anfang der 50er-Jahre abgespielt hat und von der wahren Freundschaft handelt. Da gibt es also zwei grad einmal 18-jährige Burschen; einer von ihnen hat ein Furunkel am Körper, das er sich im Krankenhaus herausoperieren lassen muss. Jetzt will er aber nicht allein ins Spital und bittet den Freund, Thomas Heil, mitzukommen, ja mit ihm einzuchecken.

„Ich hob ja nix“, meint der Thomas. „Du wirst scho a wos hob'n!“, entgegnet ihm der Spezi. Und der treue Thomas lässt den Freund nicht im Stich. Also gut: Melden sich halt beide im Krankenhaus an. Das Furunkel ist in Nullkommanix entfernt und der Bursch kann bald schon nach Hause gehen. Beim Thomas freilich wird bei dieser eigentlich gar nicht geplanten Untersuchung ein angekränkelter Blinddarm festgestellt, der sofort extrahiert werden muss. Und so verbringt er die nächsten 14 Tage im Krankenbett. So viel zur wahren Freundschaft.

Auf Thomas Heil hat man sich immer verlassen können, seine Hilfsbereitschaft, ob in der Familie, im Freundeskreis, bei der Arbeit, war legendär. Einfach anrufen und er war zur Stelle. Er konnte ja auch alles. Und wenn er etwas nicht beim ersten Anlauf hingekriegt hat – ein kurzes Fluchen, Nachdenken und Ausprobieren, bis alles passt.

Beim Tischlern hat sowieso immer alles gepasst, das war ja sein Beruf, das war seine Leidenschaft. Einbauschränke, Nachtkästchen, Küchenregale, Wandvertäfelungen, ja sogar die Badewanne mit Holz verkleidet – die Wohnung in der Bessarabierstraße ist ein einziges Thomas-Heil-Kunstwerk aus Holz. Und bei jedem einzelnen Möbelstück spürt man die Liebe, mit der er ans Werk gegangen ist.

Der große, kleine Thomas Heil. Für seine Käthe immer der Allergrößte. Mit dem Zollstab gemessen, wohl nicht ganz, aber was sind schon ein paar Zentimeter, wenn man ein großes Herz hat! 1,64 Meter ungefähr, laut Maßband. Dafür umso mehr Herzenswärme.

Als der Thomas vor mehr als 70 Jahren in einer Gnigler Tischlerwerkstatt mit der Lehre beginnen will, kriegt er vom Meister zum Einstand diesen Auftrag: „Jetzt moch z'erst amoi a Schammerl, dass d' auf die Hob'lbank siagst!" Der Lehrling Thomas Heil wächst an seinen Aufgaben, nicht nur an der Hobelbank.

Seine Liebe zum Holz ist so groß, sein Arbeitseifer mit diesem Material so intensiv, dass er im Freundeskreis bald „Holzwurm" getauft wird. Und die Frau Käthe in geselliger Runde „Frau Hobelspan". Eine Bekannte nimmt das für bare Münze, spricht sie nur per „Frau Hobelspan" an, und als sie draufkommt, dass das bloß

Jux und Tollerei ist, geniert sie sich dermaßen, dass sie sich nie wieder blicken lässt. Herr Holzwurm und Frau Hobelspan – daraus ließe sich ein hübsches Kindermärchen zimmern.

Sein großes Herz und sein Lachen, sein Lächeln. Damit konnte er jeden Kinderkummer wegzaubern, jede Gesellschaft unterhalten … sein Lachen, sein Lächeln mit dem Mund, mit den Augen. „Wenn er gelacht hat, hat alles geleuchtet", hat die Frau Käthe erzählt. Ein schöneres Kompliment gibt es nicht. Thomas Heil hat die Welt, Ihre Welt mit seiner Fröhlichkeit hell und schön gelächelt.

Und immer ein Lied auf den Lippen, gepfiffen, gesungen, irgendeines, ein Volkslied, ein Schlager aus dem Radio. Auch das steckt unwiderstehlich an und macht jeden Alltag bunter und leichter. Manche Gesangsauswahl war wohl ein bisschen sonderbar.

Als die Kathi, Barbaras Töchterchen, grad einmal eine Woche alt ist, singt ihr der Uropa voller Inbrunst das Scherzlied vom „tot'n Fisch im Wossa" vor: „Schau hi, da liegt a toter Fisch im Wossa, den mach ma hi! Den mach ma hi!" Das Neugeborene hat es, ohne mit der Wimper zu zucken, hingenommen. Und dem Heil-Uropi seinen Spaß gelassen.

Der Thomas, der Tommy, der Lex, wie er von der Mama, einfach so, nach einer Romanfigur auch genannt wurde … und schließlich von allen anderen ebenfalls. Das Licht der Welt erblickt Thomas Heil am 22. September 1933 in Salzburg. Vater Alois ist Steinmaurer und arbeitet etwa beim Befestigen und Absichern der Uferböschungen von Saalach und Salzach mit. Mutter Johanna ist Hausfrau, die Familie lebt in der Kendlersiedlung, ohne Luxus, aber dafür in wunschloser Harmonie.

Die Familie: Das sind neben den Eltern und Thomas, dem Erstgeborenen, noch die Geschwister Fritz, Lotte, Heidi und Rosa.

Der Thomas ist, anders kann man es nicht sagen, ein rechter Spitzbub, immer für einen Scherz, ein Abenteuer und allerlei Blödsinn zu haben. Der um drei Jahre jüngere Bruder Fritz hat das manchmal zu spüren bekommen. „Unter dei'm Bett liegt a Schlang' mit ganz rote Aug'n!" Der Fritz hat sich ja wirklich vor Schlangen gefürchtet. Und jetzt liegt eine unterm Bett! Der aufgeweckte Bruder lässt nicht locker und beschwört vor dem geistigen Auge die Schlange herbei, so lange, bis er sich selbst zu fürchten beginnt!

Manchmal treiben die Heil-Brüder auch gemeinsam Schabernack, als sie etwa eine sehr fromme Nachbarin fast zu Tode erschrecken, indem sie splitternackt ums Haus laufen. Trotzdem oder vielleicht grad wegen ihrer Fantasie und ihrem Wagemut sind die Heil-Kinder in der Kendlersiedlung recht beliebt.

Thomas besucht die achtjährige Volksschule in Maxglan, meldet sich in Gnigl in einer Schreinerei und verlässt diese nach drei Jahren Lehrzeit als ausgelernter Tischler. Für kleinere Lausbubenstreiche hat er auch als Halbwüchsiger noch was übrig … als er etwa einmal einem gleichaltrigen Spezi einreden will, dass man mit einem Mofa elektrisch angeln kann. Also hinein mit dem Draht ins Wasser. Und schon hat sich der Spezi heftig elektrisiert. Ist aber alles gut ausgegangen.

Thomas Heil arbeitet bei seiner Tischlerei, später als Tischler beim Fertigbau, bei Firmen in Thalgau und Wals-Siezenheim, aber auch im Eisenwerk in Hammerau als Kranführer und zuletzt, bis zur Pensionierung 1991, in der Universitätsbibliothek Salzburg. „Ich bin Buchhalter", sagt er manchmal im Spaß, „ich halte die Bücher!"

Lasst uns über die Liebe reden. Die Liebe hat ihre eigenen Gesetze. Die Liebe kommt, manchmal geht sie wieder und eine neue Liebe zeigt sich; und wenn man Glück hat, ist es eine Liebe fürs ganze Leben. Wie bei Thomas und Käthe Heil. Das Wichtigste aber, das die Liebe zu schenken hat, sind Kinder. Thomas und Käthe – beide kennen das Leben; er hat aus einer früheren Verbindung eine Tochter, Doris. Sie aus einer ersten Ehe eine Tochter und einen Sohn, Claudia und Horst. Wie die beiden, Thomas und Käthe, einander kennengelernt haben? Auch so eine halb ernste, halb witzige Geschichte.

Wir schreiben das Jahr 1965. Katharina Wallinger, wie sie damals heißt, arbeitet bei der Post (eine Postlerin mit Leib und Seele), und ihr Bub, der Horst, ist allein zu Hause. Das heißt: Er hat etwas angestellt. Mit seinem Kumpel Freddy hat er heimlich in der Lieferinger Au geraucht und dabei gleich die Auwiese in Brand gesteckt, unbeabsichtigt. Die Polizei hat die beiden erwischt, und als Käthe nichtsahnend von der Arbeit heimkommt, steckt ein Zettel an ihrer Wohnungstür im Haus Bessarabierstraße 33. „Bitte bei Zevis läuten!" Also besucht sie die Nachbarn, die Eltern vom Freddy, und erfährt die ganze Geschichte mit dem Rauchen und der brennenden Auwiese und dass der Wiesenbesitzer eigentlich ganz froh gewesen sei, weil er die Wiese ohnehin abbrennen wollte und die Buben ihm quasi die Arbeit erspart haben. Aber viel wichtiger als all das: Luki, Vater Zevis also, sitzt bei diesem Besuch grad mit einem Mann beim Schachbrett beisammen … und Käthes Herz klopft auf einmal wie verrückt, es durchzuckt sie wie ein Blitz. Der Mann, der da so bezwingend lächelt, heißt Thomas. Thomas Heil. Käthe hat sich Hals über Kopf verliebt.

Das wäre ein schöner Beginn für eine großartige, dauerhafte Liebesgeschichte. Aber dann sind da doch noch zu viele Hindernisse im Weg. Der Thomas ist halt ein Junggeselle mit all den kleineren und größeren Eigenarten, die der Käthe nicht behagen. Man bleibt in Freundschaft, und außerdem wohnen die beiden ja nur zwei Hausnummern voneinander entfernt. Bessarabierstraße 33 und 31. Und so vergehen fünf Jahre bis zum nächsten, ernsthaften Anbahnungsversuch.

Thomas Heil ist inzwischen Vater geworden. Und jetzt, am Nikolausabend 1970, steht er vor Käthes

Wohnungstür. Das heißt: Ein Krampus steht vor der Tür. Als Katharina Wallinger einwendet, sie habe keinen bestellt und ihre Kinder seien schon groß, nimmt der Krampus die Larve runter – der Thomas von Nr. 31, wie er leibt und lebt. Ein halbes Jahr danach, am 28. Mai 1971, wird am Standesamt Salzburg geheiratet.

Hochzeitsreise im Opel Kadett, B-Klasse, eine Fahrt ins Blaue – Kärnten, Loiblpass, Rijeka, auf der Küstenstraße Richtung Pula. Und dann die Panne! Irgendeine Schraube hat sich gelöst. Aus, Schluss, der Wagen macht keinen Muckser mehr. Jetzt beginnt ein Abenteuer der Sonderklasse mit Autostopp und Abschleppversuchen unter Mitwirkung von kroatischer Polizei und Feuerwehr.

Ein Weltstoff für eine Hochzeitsreisekomödie fürs Kino oder fürs Theater. Samt Käthes Bahnfahrt nach Salzburg, um Geld zu holen, und getrennt davon Thomas' Bahnfahrt nach Hause, um eine Hinterachse aufzutreiben und nach Pula zu schaffen. Das Lachen vom Lex, vom Heil-Opa, vom Tommy, wenn er diese haarsträubende Geschichte erzählt hat, wird für alle Zeiten in Erinnerung bleiben.

Das Lachen und das Weinen, die wohnen Tür an Tür. Am 9. September 1974 wird das Glück, so scheint es, vollkommen: Ihr gemeinsames Kind erblickt das Licht der Welt, aber es ist nicht gesund, und 15 Monate nach der Geburt muss der kleine Peter diese Welt wieder verlassen.

Jedes Leben hat auch Schattenseiten, wie sollte es anders sein. Thomas Heil konnte „gach" mal grantig werden, aber das hielt nie lange an. Ein kleiner Polterer, und die Wolken verzogen sich so schnell, wie sie gekommen waren. Und: Muss man das „stur" nennen, wenn einer eine feste Meinung hat und partout nicht davon abgehen will? Babsi, die Enkelin, hat geschrieben: „Wenn er sich was in den Kopf gesetzt hat, dann war das so. Verkehrsregeln zum Beispiel wurden vehement durchgesetzt. Die Regel, dass man im Kreisverkehr innen fährt, hat mich ins Schwitzen gebracht, als er mit mir Susis Auto abgeschleppt hat."

Die Liebe, die Herzensgüte, die Aufmerksamkeit für seine Familie, die immer vorhandene Hilfsbereitschaft haben jede Scharte in seinem Lebensbaum vollkommen überdeckt. „Es gab in all den Jahren nicht eine Sekunde, in der wir gezweifelt haben. Bei ihm waren wir sicher, dass er uns liebt, wie wir sind, und von ganzem Herzen. Sein Lächeln hat uns gesagt: Du bist was Besonderes, ich bin stolz auf dich und ich hab dich einfach so lieb!", sagt Susi, die Enkelin.

Die größte Prüfung in seinem Leben hat Thomas Heil vor mehr als 30 Jahren bestanden, seiner Käthe, seinem „Spotzl" zuliebe. Während der sehr belastenden Arbeit im Eisenwerk in Hammerau hatte er sich, wer will es ihm verdenken, mit dem Alkohol angefreundet und wäre wahrscheinlich nicht mehr von ihm losgekommen. Die Käthe hat von einem Tag auf den anderen mit dem Rauchen aufgehört, um ihn zu motivieren. Und der Thomas, das spricht für seine Disziplin und für seine Liebe, hat einen Entzug gemacht. Mit anhaltendem Erfolg bis zu seinem Lebensende. Wenn man zusammenhält, ist alles leichter.

Was Thomas Heil, der Heil-Opa, der Lex gemocht hat? Werkeln, Werkzeug horten, Schrauben, Kabel, Handwerksgeräte sonder Zahl! Für die Kinder, ob Enkel oder Urenkel, gab's beim Opa immer was zum Hämmern, Sägen oder Feilen. Kegeln war ihm wichtig, Bücher über die Natur lesen, Orgelmusik hören und die echte Volksmusik. Schachspielen hat ihm Freude bereitet, in der Familie, aber vor allem im Schachclub, 40 Jahre lang! In den letzten Jahren am Schachcomputer. Und als der den Geist aufgab, schenkte ihm sein Spotzl einen Laptop, seinen ersten. Da war Thomas Heil schon 75.

Und dann die Alm. Im Larzenbachtal bei Hüttau gelegen, auf 1.150 Metern Seehöhe. Über einen schmalen Weg in einer halben Stunde zu erreichen, in seinen besten Jahren. Eine Dreiviertelstunde tut's auch. 13 Jahre lang hatten Thomas und Käthe Heil die Alm gepachtet, ein Naturidyll samt jeder Menge Kühe. Der perfekte Platz zum Wohlfühlen, zum Krafttanken für den Alltag. Zum Schwammerlsuchen, Beerenbrocken, Staudamm-Bauen, zum Wandern.
Auf die Alm musste alles per Buckelkorb hinaufgeschleppt werden: Lebensmittel, Getränke, Gasfla-

schen. Manchmal schleppte auch der Heribert Bernardi mit, ein Freund vom Thomas, Tischler wie er. Die beiden Holzexperten haben ja eine Zeit lang sogar eine kleine Werkstatt miteinander geteilt.

In der Bessarabierstraße, bei den Heils, lernt der Heribert eines Tages Käthes Tochter Claudia kennen. Die beiden werden ein Paar – und vor allem: die Eltern von der Susi. Der Heil-Opa hat, könnte man sagen, insgeheim die Fäden gezogen. Schön, dass es so gewesen ist.

Der Heribert ist vor vier Jahren gestorben, am 27. März. Exakt am gleichen Tag wie jetzt der Thomas.

Da oben auf der Alm war die Welt immer in Ordnung, für die ganze bunt zusammengewürfelte Familie, Kinder, Enkelkinder. Als Thomas und Käthe heirateten, waren ihre Kinder, Claudia und Horst, schon 17 und 19 Jahre alt; seine Tochter Doris grad einmal 3. Kinder sind Kinder, und für Thomas und Käthe waren alle immer gleich wichtig und gleich willkommen, alle wurden väterlich, mütterlich umsorgt.

Auch die Enkelkinder Stefan, Roman, Barbara und Susanne. Wobei sich mit den einen eine enge, mit den anderen eine lose Verbindung ergab. Wie das Leben so spielt. Die Dirndl waren seine Augensterne.

Susi ist mit drei Jahren schon ein richtiges Almkind. „I bin jo do dahoam", erzählt sie den Wanderern, die an der Hütte vorbeikommen. Ganz per Du mit den Mäusen im Haus und den Kühen auf der Weide. Einmal machen die beiden, der Opa und die Susi, gemeinsam den Stall sauber. Da schaufelt er, ohne zu wissen, dass sie justament dort steht, durch eine Luke Kuhmist auf die Kleine, und schiebt sie schließlich mit spitzen Fingern hinaus zum Waschtrog zur gründlichen Reinigung.

Alle Kinder konnten sich hundertprozentig auf ihn verlassen. Ihnen hat Thomas Heil viel von seiner Zeit, viel von seinem Wissen, und alles von seiner Fröhlichkeit und von seiner Liebe geschenkt. „Opa war zu jeder Tages- und Nachtzeit für uns da", hat die Babsi geschrieben. Und Susi: „Einen besseren Opa kann man sich nicht vorstellen und wird es auch nicht mehr geben."

Natürlich sind Käthe und Thomas auch gerne verreist – nach Tunesien, Ägypten oder Russland beispielsweise. Ihr einhelliges Resümee jedes Mal: „Schön war's, aber auf der Alm is' no schöner!"
1991 war ein hartes Jahr für Thomas Heil. Die Diagnose Magenkrebs und eine große, schwere Operation, aber er hat sich erfangen. Nach Pensionsantritt geben Käthe und Thomas die Almhütte auf. Vor zwei Jahren will er unbedingt noch einmal seine Alm sehen, da hat er schon Probleme mit dem Herzen und überhaupt. Aber auch das schafft er. Obwohl es ihm danach tagelang schlecht geht, meint der Lex, der Opa: „Das war es wert!"
Nach der Alm, damals, Anfang der 90er-Jahre, gibt es ja einen tadellosen Ersatz. Das Grundstück vom Horst in Moosbach im Innviertel. Jetzt wird das zum Familienrefugium. Da gibt es ein Gartenhaus, Bäume, Sträucher, kleine Blumen- und Gemüsebeete. Ein

Planschbecken für die Urenkel – Dominik, David, Katharina, Annabella. Und immer stehen die Türen für alle offen.

Die Uroma backt Pofesen und Apfelscheiben heraus und spielt mit den Kleinen Fußball. Der Uropa grillt, mäht den Rasen, werkelt mit Hammer und Nägeln herum – am liebsten mit dem Dominik. Der Domi war ihm besonders ans Herz gewachsen. Der war dem Uropa, ja, das kann man sagen, heilig.

In früheren Jahren war bei den Heils oft Badengehen im Mondsee angesagt, da konnte man das Badehäusl von Bekannten benützen und sich nach Herzenslust im erfrischenden Wasser tummeln. Gegen Ende seines Lebens war es die Watzmanntherme, in der sich der Thomas wohlfühlte. Als ihm die Familie eine Schwimmnudel besorgte, war er aus dem kühlen Nass fast nicht mehr herauszubringen.

Für eine Sache hatte Thomas Heil, der Opa, der Lex kein Talent – fürs Kochen. Einmal, als er sich im Druckkochtopf ein Gulasch aufwärmen möchte, geht der Deckel explosionsartig hoch und das von der Käthe vorgekochte Gulasch klebt an ihm, an den Küchenwänden und am Plafond. Was wiederum eine größere Putz- und Streichaktion nötig macht.

Das Lachen bleibt, sein Lächeln, seine Herzenswärme. Und für alle die schöne Erkenntnis, dass es wahre und lebenslange Liebe tatsächlich gibt, bedingungslose Zuneigung in guten und in schlechten Zeiten.

Erste Geige – im Konzert und daheim
(Eva Nessizius-Hitzker, 1921–2018)

Im Radio, in Ö1 oder auf Bayern Klassik, würden sie jetzt sagen: „Sie hörten einen Ausschnitt aus dem Violinkonzert in A-Dur, Köchelverzeichnis 219, von Wolfgang Amadeus Mozart. Es spielte das Salzburg Festival Orchestra unter der Leitung von Fritz Weidlich. Violine: Eva Hitzker!" – Die Eva, eure, unsere Eva Nessizius-Hitzker, würde sagen: „Mein Gott, ist das lang her!" Und dann noch: „Die Aufnahme ist nicht so besonders. Ich hab das später viel schöner gespielt!"

Lang her – 67 Jahre, um genau zu sein. 1951, als die Schallplatte auf den Markt kam, waren Evas Töchter, Pamela und Claudia, noch nicht geboren. Und Evas Schwester Maria lebte noch in Wien und nicht, wie ein paar Jahre später und bis heute, in Amerika.
Einmal, da war sie bereits drüben, überm großen Teich, ruft Maria bei der Schwester Eva an und sagt begeistert: „Du spielst grad im Radio!" Das Mozart-Violinkonzert KV 219. An die hundert Mal wird sie im Laufe ihrer Karriere dieses Konzert vortragen. Wie sie als Konzertmeisterin auf Tournee 52 Mal Mozarts *Zauberflöte* und 42 Mal *Figaros Hochzeit* absolviert. Genau abgezählt.

„Ich hab das später viel schöner gespielt", ihr strenges Schallplatten-Urteil sich selbst gegenüber. Umso mehr hat sie, die Vollblut-Musikerin, Kritikerlob gefreut. Nach einem großen Solo in Rom bemerkte ein Kritiker: „Eva Hitzker müsste auf einem Podest spielen!" Einer schrieb, ich glaub, das war nach dem Tschaikowsky-Konzert: „Man kann es schöner nicht mehr spielen!" Ein anderer: „Das Tschaikowsky-Konzert spielte Eva Hitzker so ausdrucksvoll und tonschön, dass sie geradezu stürmisch bejubelt wurde!"

„Mein Gott, Tschaikowsky hab ich gern gehabt", hat sie mir einmal erzählt, „und all die anderen großen Komponisten, die für die Violine geschrieben haben – Max Bruch, Glasunow, Beethoven, Dvořák, Händel, Bach, Tartini, Mozart vor allem!" Zu den meisten Stücken hatte Eva Nessizius, Professor Nessizius-Hitzker müsste es korrekt heißen, aber auf den Titel hat sie nie wirklich Wert gelegt … zu den meisten Stücken also hatte sie noch die Melodien, die Fingersätze abrufbereit, am Ende ihres langen Lebens. Auch als es ihr körperlich nicht mehr gut ging.

Ihr Geist und ihr Herz waren voller Musik. Mir hat sie, das ist keine zwei Monate her, bei einem Besuch auf ihrem Zimmer im Haus des Roten Kreuzes den Beginn des Dvořák-Violinkonzertes vorgesummt und in der Luft dazu die Finger bewegt, als hätte sie eine richtige Geige in den Händen. Die Musik, ich glaube, das kann man sagen, war Evas ganz große Liebe. Von Anfang an.

Der Anfang. Das Licht der Welt erblickt Eva Hitzker am 19. November 1921, übrigens genau am gleichen

Tag wie einer der bedeutendsten Mozart-Konzert-pianisten – Géza Anda. Er in Budapest, sie in Wien, hineingeboren in eine musikalische Familie. Wohn-adresse Tuchlauben 19, im Ersten Bezirk, Innere Stadt.

Der Vater, Dr. Johann Hitzker, der Hans, ist Tierarzt, spielt Flöte und ist überhaupt ein sehr musischer Mensch. Die Mutter Anni ist die Seele des Hauses und wird das immer sein, auch als es später die Enkelinnen gibt, im gleichen Haus. Alle unter einem Dach. Au-ßerdem ist Anni Hitzker, die Mutter, genauso musik-begeistert wie der Vater; sie spielt Klavier und singt sehr schön.

Eva ist noch keine sechs Jahre alt, als sie mit dem Kla-vierspiel beginnt. In der Wohnung der Familie Hitzker gibt es einen stattlichen Konzertflügel aus dunklem Nussbaumholz, auf edel gedrechselten Klavierfüßen. Darauf übt die Mutter mit dem Töchterchen, das so viel Musikalität beweist, dass zum Klavier bald schon die Geige hinzukommt. Wobei das kleine Mädel am Anfang ihre Kindervioline am Notenpult abstützen muss, damit sie ihr nicht aus den Händen fällt.

Die Schwester, Maria, macht sich nicht so viel aus der Musik, was durchaus seine Vorteile hat. Wäh-rend Eva am Flügel oder mit der Geige am Kinn übt und übt, kann Maria das Leben eines Backfisches, wie die Teenager damals genannt wurden, voll und ganz ausleben, fortgehen, tanzen, Kinobesuche, von Burschen zum Eis-Essen eingeladen werden und so weiter.

Das Konservatorium der Stadt Wien wird Eva Hitzkers zweite Heimat. Dort vervollkommnet sie ihr Wissen über die Musik und entfaltet ihre Talente zu hoher Meisterschaft.

Ernst Morawec von der Sommerakademie Salzburg wird ein wichtiger Geigenprofessor für Eva. Am Konservatorium legt sie, nach dem intensiven, durchaus fordernden Studium, auch die Staatsprüfungen ab und bekommt mit 21 Jahren einen Lehrvertrag. An manchen Tagen unterrichtet sie jetzt fünf Stunden lang und hängt nicht weniger als sechs Stunden Üben dran.

Wenn Eva Hitzker übt, dann stehend, sie will ja nicht nur Orchestermusikerin, sie will auch Virtuosin werden. Außerdem lernt sie alle Etüden, Sonaten, Konzerte immer gleich auswendig. Ganze Soloabende hat sie Note für Note im Kopf. Abrufbereit. Eva Hitzker werden die ersten Auszeichnungen zugesprochen, bei Violin-Wettbewerben in Genf und Wien.

Ihre großen Vorbilder damals, das sind Meistergeiger wie David Oistrach oder Ginette Neveu. „Mein Gott, die Neveu", erzählte mir die Eva schwärmend, „eine wunderbare Musikerin!" Und dann kommt die in jungen Jahren bei einem Flugzeugabsturz ums Leben. „Samt der Stradivari", fügte die Eva hinzu. Und man hat ihr ein bisschen die Trauer um beide angemerkt: um die Neveu und um die wertvolle Geige. Noch dazu, wo sie selbst sich vor den großen Auftritten immer beim Geigenbauer ein gutes Instrument ausleihen musste.

Eva Hitzker wird Musikerin im Wiener Kammeror-chester, Konzertmeisterin sogar, spielt in der Kam-meroper, in ihren späten Berufsjahren beim Radio-Symphonieorchester und ist bald schon eine gefragte Solokünstlerin. Sie tourt um die halbe Welt: Italien, Frankreich, Belgien, Amerika – von Alaska bis Mexi-ko. Und begeistert Konzertbesucher in Paris genauso wie in Rom. „Mein Gott, in Rom hab ich einmal ab-sagen müssen", ihr Gedächtnis war bis zuletzt einfach brillant.

Ein Violinsoloabend in der Engelsburg – ein Meilen-stein in ihrer Karriere, aber ein paar Tage davor stürzt Eva Hitzker (weil auf der Bühne in einer anderen ita-lienischen Stadt gewitterbedingt das Licht ausgefallen war) samt Geigenkasten auf einer Treppe, verknackst sich arg den Fuß und muss Rom absagen. Und ein-mal, in Casablanca, genießt sie spazierengehend ihren vermeintlich dienstfreien Tag, bis ihr Kollegen zuru-fen: „Schau aufs Programm! Du spielst heute!"

Besonders viel verdient hat man damals nicht. Als En-semblemitglied 30 Schilling pro Konzert, als Solistin grad einmal 120.-

Wo lernt eine so leidenschaftliche Musikerin den Mann fürs gemeinsame Leben kennen? Natürlich beim Musizieren. Zuallererst im Krieg, bei einer Rundfunkspielschar, bei der beide tätig sind. Und spä-ter dann bei musikalischen Engagements, in Salzburg. Otto heißt er, Otto Nessizius, und ist zweiter Geiger bei den Wiener Philharmonikern. Sie, Eva Hitzker, erste Geigerin im Kammerorchester. 1949 wird Hochzeit gefeiert. Was die häusliche Rollenverteilung betrifft, ändert sich im Zusammenleben nicht viel. Erste Geige: Eva, zweite: Otto.

Zu mir hat sie einmal gesagt: „Weißt du, als Solist musst du deine Gefühle ganz und gar preisgeben." Das war nicht unbedingt die Stärke von Otto Nessizius.

In den 50er-Jahren wird das Leben bei der Familie Nessizius/Hitzker in der Wohnung Tuchlauben 19 erst so richtig bunt. Töchterchen Pamela wird 1954 geboren, 1958 Claudia. Bunt und lautstark. Die Idylle ist leicht vorstellbar: Vater Nessizius übt im Schlafzimmer, die Mutter in einem Nebenzimmer, die Töchter entdecken irgendwann die Vorzüge von Ohropax und Kopfhörern. Natürlich bekommen auch die Mädchen Musikunterricht, beim Klavierlehrer vom unteren Stockwerk. Bis zur Meisterschaft der Eltern, der Mutter vor allem, bringen sie es freilich nicht.

Weil die Mama so oft und manchmal ziemlich lange auf Tournee ist, etwa mit dem von ihr zusammengestellten Orchester der Mozart-Oper-Salzburg, übernimmt die Oma Anni viele Aufgaben von ihrer Tochter Eva. Nicht zuletzt die Elternabende und Sprechstunden in den Schulen der Mädchen. Mit der Oma teilen Pamela und Claudia auch ein Zimmer; das Kinderzimmer ist der Salon. Ganz schön abenteuerlich so eine Künstlerherberge samt Großeltern und Kindern!

Neben der Musik gibt es die Natur. Ein wunderbarer Ausgleich. Die Schladminger Tauern haben es Eva und Otto angetan. Das eigene Haus in Schladming wird zum Ferienzentrum der Familie Nessizius, zu jeder Jahreszeit, zu jeglicher Ferienzeit.

Bergwandern, Schwammerlsuchen. Der große Gemüsegarten, den die Eva anlegt und mit Eifer betreut. Und zusätzlich die Familienurlaube in Italien, Lignano, Bibione. Die Freude mit den Enkelinnen Theresa und Alexandra. Und in den letzten Jahren mit den Urenkerln Sophie und Lauri.

Wenn man eine angesehene Künstlerin ist, muss man da auch alles andere können? Immer für penible Ordnung in den vier Wänden sorgen? Vor allem, wenn es so unglaublich viel gibt, was man sammeln, horten, aufheben könnte! Stoffreste. Oder Pullover!

Oder Auto fahren? Muss man das können? Als Beifahrer hat der Otto so manches Mal heimlich das Kreuzzeichen gemacht, und falls er Sünden gehabt hat, hat er die dabei alle abgebüßt. Aber die Eva ist ja ohnehin nicht allzu oft am Steuer eines Wagens gesessen.

Resolut konnte Eva Nessizius auch werden, wenn Handwerker, etwa beim Hausbau in Pressbaum, sich nicht so ins Zeug legten, wie sie sich das vorgestellt hatte. Das klang dann nicht nach Mozart, eher nach Rachmaninow!

Eines war die Eva hundertprozentig: eine ganz große Sparmeisterin. Gerade auf den langen Konzertreisen,

mit dem Orchester oder als Solistin. Wenn die Musiker-
kollegen nach dem Konzert, in welcher Stadt auch immer, fein speisen gingen, saß sie in ihrem Hotelzimmer
und aß ein simples Stück Brot mit Leberwurstaufstrich.

Ich hab ihr Lächeln in sehr schöner Erinnerung, ihr
klangvolles „Mein Gott", wenn sie eine besonders
schöne oder nicht so schöne Erinnerung mit uns geteilt hat. Mir imponiert, und davon erzähle ich immer
wieder, dass sie sich zu ihrem 96. Geburtstag die Par-
titur der *Johannespassion* von Bach gewünscht hat, weil
beim Lesen der Noten die Musik in ihr lebendiger geworden ist als beim gesundheitsbedingt eingeschränk-
ten Hören von CDs.
So vieles wäre noch zu erzählen von dir, Eva. Dass du
einmal mit Friedrich Gulda in ein und demselben
Konzert aufgetreten bist. Wie wichtig dir bis zuletzt
deine Frisur gewesen ist! Wie dich der Martin, There-
sas Mann, dein Schwiegerenkelsohn, einmal in Pressbaum abgeholt hat. Und weil es regnete, hast du für
den Weg von der Haustüre bis zum Auto ein Billa-Sa-
ckerl aufgesetzt, das bald schon der Wind in den Himmel geweht hat. „Mein Gott!"
Dass du dich immer frisieren wolltest, auch im Pfle-
geheim noch, wenn Besuch angekündigt war … obwohl sich der Kamm schon schwer tat, deine Haare
zu finden.

Eva, ich bin froh, dass ich dabei sein konnte, als die
junge Salzburger Geigerin Alexandra Seywald dich

im Heim besucht und dir auf ihrer Violine etwas vorgespielt hat, heuer im August. Sie hat die Schuhe ausgezogen, wie immer, weil sie das beim Musizieren erdet, wie sie sagt. Und dann habt ihr euch auf hohem Niveau über Geigenbautechniken, Fingersätze, die besten Geigensaiten, die bedeutendsten Violinkonzerte unterhalten. Die 97-Jährige und die 23-Jährige. Es war ein Erlebnis, zuhören zu dürfen.

Eines hast du mir anvertraut, nach dieser schönen Begegnung. „Sag ihr irgendwann, sie soll nicht barfuß auftreten. Mein Gott, wie schaut denn das aus, wenn sie mit den Philharmonikern ein Konzert gibt. Die sind alle festlich gekleidet, und die Solistin barfuß!?"
Das warst einfach du, Eva. Das Schöne an diesem scheinbar kritischen Satz ist ja das: Du, die erfolgreiche, erfahrene, pardon: alt gewordene Geigerin, hast dir die junge Kollegin beim Soloauftritt mit den Wiener Philharmonikern vorgestellt. Ein schöneres Kompliment kann es kaum geben.

Rosen, Kerzen, Tränen
(Ella Michaela Czerlinka, 1994–2012)

Ich steige tagtäglich, wenn ich vom Nonntal mit dem Bus in die Stadt fahre, in der Theatergasse aus. Seit ein paar Tagen ist das ein verwandelter Ort. Kerzen, Rosen, Tränen. Dort am Gehsteig nahe dieser Schicksalsstelle liegen Rosen, brennen Kerzen, fallen einander Menschen in die Arme und weinen. Junge Menschen, viele von euch werden dabeigewesen sein. Eure Tränen haben auch die anderen Menschen berührt. Tränen, Rosen, Kerzen.

Ich habe es gesehen, wie eine alte Frau, vorgestern erst, aus ihrer Einkaufstasche eine Kerze gekramt und sie entzündet hat. Wie mancher Busfahrer mit seinem Gefährt ganz langsam diese Kurve gefahren ist und kurz angehalten hat … eine Verneigung, ein trauriger Gruß. Tränen und Kerzen. Rosen, weiße, rote. Sie blühen hinter dir her. Dein Foto, Ella. Und letzte liebe Grüße. „Ein Engel ist von uns gegangen", steht da zu lesen. „Danke für das Wunder deines Lebens!" Kerzen, Rosen, Tränen. Du hast den Bus nicht gesehen, der Busfahrer hat dich nicht wahrgenommen. Auf den Tränen der Trauernden, heißt es, schwimmen die Seelen der Verstorbenen in die Ewigkeit.

Ella, du hast diese Welt verwandelt, verzaubert, nicht mehr, nicht weniger als deine 17 Lebensjahre lang.

Du warst, Ella, so normal und so außergewöhnlich zugleich. Lieb, herausfordernd, anstrengend und wunderbar. Von deiner ersten Stunde hier auf diesem Planeten an. Nein, vorher schon. Lebendig, im schönsten Sinne, schon im Bauch der Mama. Du hast dich zu Wort gemeldet, lange bevor du ein Wort sprechen konntest. Du warst einfach da, Wirbelwind und Sonnenschein. Und als du wirklich in dieser Welt, in diesem Leben angekommen bist, hast du ganz schnell ganz viel gelernt, ganz schnell ganz viel geredet. Sagt die Mama, die Brigitte. Und der Papa, der Reini: „Aber das allererste Wort war Papa!"

Geredet, gelacht, alle auf Trab gehalten – die Eltern, die Nonni. Bald schon die Lehrerinnen. „Mir ist noch nie eine Schülerin untergekommen", hat die Frau Lehrerin Schneider in der 2. Volksschulklasse in Anif gesagt, „die einen so herausfordert!" Weil du gradheraus warst, zielstrebig, nicht auf den Mund gefallen.
Die wichtigsten Tricks hast du bald selbst herausgefunden, zum Beispiel, dass man beim Gemeinschaftssingen in der Klasse bloß den Mund bewegen muss, ohne einen Ton zu investieren. Und dass man so, im Vollplayback der anderen sozusagen, auch nicht falsch singen kann. Ganz schön clever, Ella!
Du hast dich nicht verstellen müssen, du hast Rückgrat besessen, dein so kurzes und doch so intensives Leben lang. Bei deiner Taufe, Ella (Ella Michaela haben dich deine Eltern genannt nach deiner Ur-Urgroßmutter Michaela, die eine sehr starke, selbstbe-

wusste, für ihre Zeit erstaunlich fortschrittliche Frau gewesen ist), bei deiner Taufe also hat der Papa ein wunderschönes Lied auf der Gitarre gespielt und gesungen. Man kennt es heute leider nicht mehr so gut. Ein Lied von Bettina Wegner – *Sind so kleine Hände*.

„Ist so 'n kleines Rückgrat", heißt es da, „sieht man fast noch nicht. / Darf man niemals beugen / weil es sonst zerbricht. / Grade, klare Menschen wär'n ein schönes Ziel. / Leute ohne Rückgrat hab'n wir schon zu viel ..." Hat der Papa gesungen, damals. Du bist ein grader, klarer Mensch, ein Mädchen mit Rückgrat geworden. Bist deinen Weg aufrecht, lachend, voll Optimismus gegangen.

Ein bisschen Star, natürlich, bildhübsch wie du warst. Keine graue Maus. Aber immer überall mit dem Herzen dabei. In deinen Kindertagen, Gott, wie kurz ist das alles erst her!, warst du einmal Zirkusdirektorin, daheim, in der Wohnung in Anif. Und der Jens, der geliebte, geduldige Bruder, war der Artist. Die Eltern haben extra das halbe Wohnzimmer umgestellt, damit ihr beiden eine schöne kleine Bühne für eure Darbietungen hattet.

Später einmal hat der Papa das Jonglieren erlernt und du, Ella, das Fahren auf dem Einrad – Familienzirkus Czerlinka. Letztes Jahr habt ihr zwei gemeinsam mit dem Surfen begonnen, draußen am Obertrumer See. Die Mama und die Nonni sind ja fast schon Surf-Profis. In diesem Sommer hättet ihr die beiden eingeholt, jede Wette!

Der Papa hat dich, Ella, ganz am Anfang deines Lebens, im Snugly-Bauchtuch durch die Welt getragen, die Mama auch, aber er war einer der wenigen Männer, die das gemacht haben damals. Und er war sehr, sehr stolz dabei. Wie er so oft stolz auf dich gewesen ist. „Mutzelmaus", hat er gerne zu dir gesagt, „Mutzerli".

Die Mama hat Ella gesagt, Ellchen, und vor Kurzem seid ihr für den U-17-Führerschein durch die Gegend gefahren, diese steile, enge Straße Richtung Krispl hinauf. Du, Ella, warst selig, die Brigitte, die Mama, an deiner Seite zu haben. „Du hast Vertrauen in mich!", hast du gesagt. Und die Mama: „Ich weiß, dass du das schaffst!" Einmal, am Parkplatz beim Maximarkt, bist du wie eine Wilde mit dem Auto herumgekurvt! Und du warst froh, dass der Papa am Beifahrersitz gesessen ist ... vor allem, als in der Ferne dieser Polizeiwagen aufgetaucht ist. Ihr habt blitzschnell die Plätze getauscht und es ist nichts passiert.

Der Jens, dein Bruder, mag coole Klamotten, Markenware. Und du, Ella, hast dir ab und zu was von ihm ausgeborgt – Jacke, Pullover, die Jogginghose vom Fußballverein. So richtig schön verrücktes Zeug. „Jensi?!" Das hat genügt. Du mit deinem unwiderstehlichen Charme. Er hat dich von Anfang an sehr lieb gehabt. Und du ihn. Heuer wolltest du ihn mitnehmen in die Szene. Du warst oft unterwegs, hast deine Cliquen geliebt und immer sofort Kontakt gefunden. Für ihn, den Jens, hättest du dich echt nicht genieren müssen. Er hat ja fast den gleichen Charme wie du. Dein Moped hat er dir abgekauft, Ella, zu einem für dich ganz guten Preis, oder? Toller Bruder!

„Lass dir endlich die Haare färben!", hast du einmal zur Mama gesagt. In den letzten Jahren habt ihr euch gegenseitig die Haare gefärbt. Du hast ihr das Henna aufgetragen, sie dir die Farben der Saison, nach deinem Geschmack. Du hast Farbe in das Leben der Mama gebracht. Jetzt wäre bald ihr Bauchnabel-Piercing fällig gewesen. Du hast ja längst eines gehabt. Als die Mama mit ihrem Fitnesstraining begonnen hat, hast du ihr ein Piercing versprochen – „sobald dein Bäuchlein ganz flach ist!", hast du gesagt. Einmal, da warst du 12, seid ihr zwei Damen nach Vorarlberg gefahren ins Bildungshaus Arbogast, zu einem Mütter-Töchter-Seminar.

Da sind den Müttern die Augen verbunden worden und die Töchter haben sie einen Parcours entlangführen müssen. „Ich halt dich fest", hast du gesagt, und die Mama hat dir vertraut. Am Schluss ist die Mama vor lauter Vertrauen in einem Stechpalmenfeld gelandet. Aber ihr beide seid in dieser Zeit noch stärker zusammengewachsen. Ihr seid echte Vertraute geworden.

Man konnte dir, Ella, vertrauen. Du hast in allen Menschen, auch durch die Schatten hindurch, das Positive gesehen. Deine Eltern, dein Bruder, deine Familie, deine Freunde werden für alle Zeiten stolz auf dich sein.

Du und deine Stoppellocken. Nicht die große Liebe deines Lebens, lange Zeit nicht. Aber das hat die Natur wohl so gewollt. Du hast manchmal mit großer Mühe die Locken geglättet – und kaum warst du draußen im Freien und kaum hat es ein bisschen zu nieseln begonnen, haben sich die glatten Haare auch schon wieder heftig gekräuselt.

Es gibt Fotos, da weiß man nicht, wer die hübscheren Kräusellocken hat: du oder der Avelino, dein so heiß geliebter Hund, dieser reinrassige Lagotto Romagnolo; das klingt wie eine leckere Speise beim Italiener, ist aber ein ganz besonderer Hund, dein Hund. Ihr zwei: ein Herz und eine Seele. Auf den Fotos hast du pechschwarze, der Avelino diese schmutzigweißen (so heißt das) Locken. Der Papa und du – ihr seid gemeinsam mit dem Avelino zur Hundeschule gegangen und mit ihm durch den tiefsten Schnee gestapft.

Bei euch daheim in Anif war oft Open House, und wenn du mit deinen Freundinnen und Freunden oben in deinem Zimmer eine Shisha geraucht hast, die Wasserpfeife, dann war das okay. Ihr habt in der Familie über alles reden können, und auf dich, Ella, war immer Verlass. 666 Freunde auf Facebook. Der Jens, dein Bruderherz, sagt dazu stolz: „Achtzig Prozent von ihnen hat sie persönlich gekannt!" Und du? „Die mögen mich halt alle!" Den Jakob hast du sehr gemocht, und der Jakob dich. Am kleinen Weiher beim Almkanal habt ihr euch kennengelernt. Du, Ella, bist durch den Jakob gelassener geworden. Und der Jakob ist aufgeblüht durch dich.

Ein halbes Jahr lang seid ihr füreinander die Engel gewesen. Dein letzter Gedanke, deine letzte Freude hier auf Erden, an deinem Abschiedstag, hat dem Jakob gegolten. Nimm das als schöne Erinnerung mit in dein Leben, Jakob.

Die Schule, mein Gott, ja – „nicht zufriedenstellend" in „Betragen". So what! Du hast deine Lehrer ganz schön gefordert. Der Papa hat ja auch manchmal gekiefelt an deinen flapsig formulierten SMS (und ihr beiden habt euch viele SMS geschrieben).
„Reg dich nicht auf, Papa, das ist Ellas Deutsch!", hast du gesagt. Wenn es um eine entscheidende Prüfung oder Schularbeit gegangen ist, hast du total konsequent und konzentriert darauf hinarbeiten können. Du warst clever – und du warst gut zugleich. Deine Design-Arbeiten, du hast ja Medien-Informatik in der HBLA Annahof gelernt, sind von hoher Qualität, originell, fantasiereich, stilsicher.
Du hast sagenhaft gut fotografiert und zu allem immer die treffendsten, berührendsten oder flippigsten Texte gefunden. Für den Sommer hättest du schon zwei Ferialjobs zur Auswahl gehabt, beim Schlosswirt und im Hangar 7.
Irgendwann einmal hättest du die Firma vom Papa übernommen. „Da musst du aber ganz unten anfangen, im Keller sozusagen", hat der Papa gewarnt. Und du? „Kein Problem!"
Selbstständig bist du immer schon gewesen. Einmal, als grad die Termine für die Firmung bekannt gege-

ben werden, fragt die Mama dich: „Willst du dich anmelden?“ Und du, Ella: „Hab ich gestern schon gemacht!“ Die Mama: „Firmpatin?“ – Und du: „Hab ich schon.“ Der Andrea, deren Tochter Sophia du so geliebt hast wie die Kleine dich liebt, hast du geschrieben: „Liebe Andrea, willst du meine Firmpatin werden? Ella.“ Und sie: „Liebe Ella, ja, Andrea.“ So einfach ist das, wenn man weiß, was man will.

Manchmal hast du dir *Anna und die Liebe* im Fernsehen angeschaut oder *Desperate Housewives*. Noch früher mit Freundinnen in der Wohnung zu diesem, verzeih, nervigen *Popcorn*-Song getanzt, stundenlang. Dein Gefühl für Musik und Bewegung! Schöne Autos, tolle Häuser … ja, das hat dir auch gefallen. Deine Fingernägel waren immer perfekt lackiert. Und du, auch in den Klamotten deines Bruders, immer top gestylt. High Heels kann nicht jede tragen so wie du.
Reisen, das wäre wohl deine Welt geworden. Italien, Frankreich, Kroatien. Sprachferien auf Malta: das war der Vorgeschmack.
Das wunderschöne Bild in der Erinnerungskarte ist einen Tag vor deinem Abflug nach Malta entstanden, im Lemonchilli. Dein Siegeszeichen, dein Lächeln. Dein strahlendes Wesen.
Jetzt würdest du sagen, Ella – das warst einfach du –: „Und das nächste Gebet, Freunde, für den Busfahrer, okay?“
Wenn du erschienen bist, sagt der Papa, „ist die Sonne aufgegangen. Immer, überall.“

Du hast kleine, bunte Feuerzeuge gesammelt, Feuerzeuge, mit denen man Kerzen entzünden kann.

Du hast die Welt verzaubert, Ella Michaela, in so kurzer Zeit.

Schön, dass es dich auf unserem Planeten gegeben hat, schön, dass es dich in unseren Gedanken, Träumen, Erinnerungen, in unseren Tränen und in unserem Lächeln immer weitergeben wird.

Danke, Ella, für das Wunder deines Lebens.

„*Sind Sie der heilige Nikolaus?*"
(Stefan Hettich, 1931–2016)

Als sich der lange Bart vom Opa so schön schneeweiß verfärbt hatte, schaute Stefan Hettich fast wie der Nikolaus aus. Oder war er womöglich der Nikolaus? Einmal pflückt er gerade im Garten vor dem Wohnhaus der Familie am Makartkai Kirschen. Da bleiben zwei kleine Kinder am Wegesrand stehen und beobachten ihn lange mit großen, staunenden Augen. Bis das Mädchen diese Frage stellt: „Sind Sie der heilige Nikolaus?" – „Ja, freilich", antwortet Stefan Hettich. Darauf der kleine Bub zum kleinen Mäderl: „I' hab da 's jo g'sogt!"

Der Nikolaus, der Freund der Kinder, der Wohltäter, der Geschenkebringer, sehnsüchtig erwartet in jedem Advent. Einer der am meisten verehrten und geliebten Heiligen. „Wenn Gott je sterben sollte, würden wir den heiligen Nikolaus zu Gott machen", heißt es in einem slawischen Sprichwort.
Den Erwachsenen würde Stefan Hettich natürlich erzählen, dass dieser Nikolaus in Wahrheit eine Verschmelzung zweier historischer Personen ist: des Bischofs Nikolaus von Myra, der im 4. Jahrhundert gelebt hat, und des gleichnamigen Abts Nikolaus des Mönchsklosters Sion, der später auch Bischof wurde und am 10. Dezember 564 gestorben ist. Das weiß man aufgrund kritischer Textanalysen.

Stefan Hettich war ein wandelndes Lexikon in allem, was Religion, Kirche, Glaube, die Bibel vor allem betrifft. Ein wandelndes Lexikon samt kritischer Einwände. Er konnte auf Augenhöhe mit Priestern, Bibelgelehrten, Theologen stundenlang diskutieren. Er hätte sich einen Doktortitel, honoris causa, durchaus verdient. Vergleichende Bibelwissenschaft! Wie viele Stunden ist er über seinen Büchern und Dutzenden von Lexika gesessen und hat studiert.

Das hat auch sein Alltags- und Familienleben beeinflusst. Wie soll man auf Reisen gehen mit den vielen Büchern; man müsste ja fürs Fliegen jedes Mal saftige Übergepäck-Tarife bezahlen! Fahrt's ihr halt allein! Und wie soll man mit seinen Lieben am Wochenende Berge besteigen oder lange Wanderungen absolvieren, wenn die Lexika im Rucksack so schwer sind. Von den Büchern, den religiösen Büchern vor allem, konnte er sich einfach nicht losreißen.

Also ist er am liebsten daheim geblieben und hat gelesen. Ein Urlaubsmuffel, mit wissenschaftlicher Entschuldigung. Und einer ganz einfachen und plausiblen Zusatz-Begründung: „Salzburg ist die schönste Stadt – warum soll ich woanders hinfahren?" Und wenn's schon unbedingt ein Berg sein muss, dann halt der Mönchsberg. Den Peter hat der Vater, wenn er einmal Zeit hatte, auf dem Moped am Rücksitz mitgenommen. Einmal sogar, der Bub war damals zehn, bis nach München! Beim Heimfahren hat es in Strömen gegossen!

Einmal unternimmt die Familie – Mutter, Eva, Peter und Vater, den Versuch eines Gaisberg-Ausflugs, zu Fuß hinauf auf die Zistel. Auf halbem Weg stößt man auf einen einzelnen Wanderer. Man könnte jetzt grüßen, einen schönen Tag wünschen und weitergehen. Aber der Wanderer, das ist ausgerechnet DDr. Wolfgang Beilner, Professor für Neutestamentliche Bibelforschung an der Theologischen Fakultät der Universität Salzburg. Ein umgänglicher, blitzgescheiter Mensch, „der Rektor auf dem Fahrrad" wird er damals genannt.

Jetzt gibt es natürlich kein Weiterkommen auf dem Weg zur Zistel. Die beiden Männer beginnen angeregt zu diskutieren, vergessen die Welt um sich, und die Familie steht und wartet und steht und wartet. Sehr lange. Theologen, ob Profi oder Fastprofi wie Stefan Hettich, geht nie der Gesprächsstoff, gehen nie die kritischen Fragen aus.

Bei der Hochzeit der Enkelin Bettina in der Kirche St. Leonhard (der Opa war da schon auf den Rollstuhl angewiesen, wollte aber unbedingt dabei sein) unterhält er sich aufs Beste mit dem Pfarrer und Dechant von Hallein. Von Experte zu Experte.

„Wenn man mit dem Opa zehn Sätze spricht", haben die Enkelkinder bald herausgefunden, „ist das Gespräch spätestens beim zehnten Satz bei der Religion angekommen."

Dass sich Stefan Hettich so sehr auf das Studium der religiösen Schriften, der Bibel vor allem, gestürzt hat,

hat mit einer Begegnung mit den Zeugen Jehovas zu tun. Der Stefan, so Anfang 20 damals, wird auf der Straße von Missionierungsleuten angesprochen und ins Gespräch gezogen. Das hat ihn interessiert. Er hat die Bibel zur Hand genommen und zu lesen begonnen.

Und eigentlich nie wieder damit aufgehört. Er möchte möglichst viele Glaubensgemeinschaften kennenlernen, damit er Unterschiede entdecken und sich seine eigene Meinung bilden kann. Die Pfingstgemeinde, also die Freie Christengemeinde Salzburg, hat ihr Gemeindegebäude, ihr Zentrum damals in der Untersbergstraße in der Riedenburg.

Aus religiöser Neugier und aus ehrlichem Interesse besucht er also die Christengemeinde und lernt dort das Fräulein Ingeborg Stöger, Buchhalterin bei einem Steuerberater, und ihre Eltern kennen. Die Inge ist von Kindheit an bei der Gemeinde und leitet die Sonntagsschule für die Kinder. Ihre Heimat – das ist das Elternhaus am Makartkai, am Salzachufer nahe der Lehener Brücke. Stefan Hettich ist mit Eifer bei den Versammlungen dabei, lernt viel Neues dazu und wirft auch immer wieder seine kritischen Bemerkungen ein.

Zu ihr, seiner Inge, wird er einmal sagen: „Nicht alles, was wo geschrieben steht, muss man glauben." Die Eltern haben anfangs keine große Freude mit dem gedankenscharfen Verehrer ihrer Tochter. Aber immerhin sind die beiden schon jeweils 24 Jahre alt, und ein Jahr nach dem ersten Aufeinandertreffen, am 14. August 1956, heiraten Stefan und Inge am Standesamt und in der Pfingstgemeinde und wohnen jetzt gemeinsam bei Inges Eltern am Makartkai. 1958 wird die Tochter Eva, zwei Jahre später der Sohn Peter geboren … und im Laufe der Jahre gibt's sieben Enkel und drei Urenkel, das vierte ist schon heftig unterwegs; darauf hätte sich der Opa noch sehr gefreut.

Aber werfen wir einen Blick zurück an den Anfang seines Lebens. Das Licht der Welt erblickt Stefan Hettich am 5. Juli 1931 in Golinci in Kroatien, einem Dorf ganz im Norden, nahe der Drau, nahe der Grenze zu Ungarn.

Die Eltern haben einen kleinen Bauernhof, den hauptsächlich die Mutter Elisabeth bewirtschaftet; Vater Jakob ist Maurer von Beruf. Der Stefan muss die Eltern mit Sie anreden … Herr Vater, Frau Mutter, und muss als Bub schon fest anpacken am Hof – Heuarbeit, Gänse hüten, Schweine versorgen, Stall ausmisten.

Der Stefan ist ein zartes Bürscherl, aber darauf wird keine Rücksicht genommen. Außerdem darf er daheim kein Wort Kroatisch sprechen, das hat der Vater streng verboten! Obwohl der Bub die ersten zwei Klassen in einer kroatischen, die nächsten erst in einer deutschen Schule absolviert.

Stefan Hettich ist acht Jahre jung, als der Krieg ausbricht und unendlich viel Angst und Leid über die Deutschsprachigen, die Donauschwaben in Jugoslawien bringt.

Die Partisanen machen ihnen das Leben zur Hölle. Einmal tauchen sie plötzlich am Hof auf und fragen nach dem Vater, Jakob Hettich, der aber schon fort von daheim ist, im Krieg. Der Bub sagt in der Verzweiflung, in der Not, in der Angst um seine Frau Mutter, es gäbe einen weiteren Jakob Hettich, irgendwo am anderen Rand des Dorfes. Die Partisanen nehmen Stefan mit, er soll sie zu diesem Jakob Hettich führen. Aber irgendwie gelingt es dem Buben davonzulaufen. Und die Mutter versteckt sich mit ihm und einer Cousine, die mit am Hof aufwächst, vor lauter Angst in der nächsten Stadt.

Mit 13, gegen Ende des verheerenden Krieges, wird Stefan Hettich in die Steiermark gebracht, nach Schladming. „Kinderlandverschickung" heißen diese Aktionen zum Wohle der Kinder. Und dann ist endlich der Krieg vorbei. Die Familie samt Vater kommt in Schladming wieder zusammen und macht sich bald auf den nicht ungefährlichen Weg durch die englische Besatzungszone nach Salzburg, wo schon einige Verwandte leben.

Die Familie wohnt jetzt im Barackenlager in der Alpenstraße, der Vater Jakob findet Arbeit als Maurer. Stefan, der Sohn, hat die Schule in Schladming abgeschlossen und kommt bei einem Fliesenleger in der Herrnau unter. Er erlernt das Handwerk von der Pike auf und wird später neben seiner eigentlichen Arbeit auch die Wohnungen sämtlicher Familienmitglieder und einiger Kollegen, Freunde mit großem Geschick und großer Kunstfertigkeit innen und außen verfliesen.

Und dann wird er eines Tages auf der Straße von Missionaren der Zeugen Jehovas angesprochen, entdeckt seine Neugier für religiöse Fragen, religiöse Bücher, die Bibel vor allem – und findet durch diese Neugier die Liebe seines Lebens, die zur Inge.

Fliesenlegen ist eine anstrengende Geschichte! Und geht vor allem in die Knie. Also wechselt Stefan Hettich zu den Verkehrsbetrieben und arbeitet im Revisionsdienst, als Tankwart, Oberleitungen-Überprüfer und vieles mehr, kurzum: Er sorgt mit seinen Kollegen dafür, dass die Busse am frühen Morgen startklar sind. Das bedeutet: Nachtarbeit, 25 Jahre lang! Tagsüber ein bisschen schlafen und nebenbei für Familie, Freunde, Kollegen Fliesenlegen. Nicht ganz leicht für die Kinder, wenn man leise sein muss, weil der Papa ja seinen Schlaf braucht.

Dass er beim freiwilligen Fliesenlegen oder sonst einer Freundschaftshilfe vom einen oder anderen Kollegen auch ausgenutzt worden ist, hat er, gutmütig wie er war, kommentarlos zur Kenntnis genommen. Das heißt: Er konnte schon auch ganz schön aufbrausen, aber das dauerte höchstens so lange wie ein Sommergewitter. Und wenn er vor Wut, weil er sich beim Ausmalen wieder einmal mit Farbe bekleckert hat, den Malerpinsel durch die Wohnung warf (Ausmalen war nicht seine Stärke!), haben alle gewusst: In ein paar Augenblicken ist er wieder der sanfteste Vater und Opa.

Wie gesagt – seine große Leidenschaft: Lesen und noch einmal Lesen. Die Bibel, die kritischen Bücher von Eugen Drewermann, Rudolf Schermann oder

Hans Küng. Das geht natürlich nur daheim. Daheim, das ist zuerst der Makartkai und dann vor allem das eigene Haus in Hallein-Rif. Vater und Sohn haben kräftig Hand angelegt und zuerst einen halben Wald roden müssen, bevor gebaut werden konnte, gemauert und gefliest. Das Sommerhaus von Inge und Stefan Hettich, das in der Pensionszeit zum wunderbaren Ganzjahres-Refugium samt Garten geworden ist. Erholungsort und Paradies zum Werkeln für den Papa und Opa.

Aus allen möglichen Gegenständen wird etwas gebastelt, Gartenhaus, Gartenmauer, Carport. Ob das immer prächtig ausgesehen hat, kann ich nicht beurteilen (der Sohn Peter hat da so seine kleinen Zweifel angemeldet), aber seinen Zweck haben die selbst erledigten Baumaßnahmen zu 100 Prozent erfüllt.

Früher, bevor er sich mit den religiösen Büchern zu beschäftigen begann, hat Stefan Hettich gezeichnet, mit Stift und Tusche, sehr schön sogar, wie auf dem Gedenkkärtchen mit dem Baum und dem Vogelnest zu sehen ist. An der Volkshochschule, bei der bekannten Künstlerin Edel Noth, hat er das gelernt.

Als er zu den Zeugen Jehovas gestoßen ist, hat er eine ganze Mappe voller Zeichnungen verbrannt. Schade um die vergeudete Zeit, hat er gemeint. Manchmal war er ziemlich rigoros in seinem Denken und seinem Tun. Es gibt noch ein paar erstaunlich gute Blätter von Stefan Hettich, darunter eines von seinem Geburtsort, vom Dorf Golinci in Kroatien. Persönlich besucht hat er die alte Heimat nie mehr. Zu viele schreckliche Erinnerungen an den Krieg, an die Partisanenzeit.

Weil der Vater lieber liest, fährt die Mutter, obwohl auch noch beim Steuerberater teilzeitbeschäftigt, mit den Kindern und später manchmal auch mit Enkelkindern durch die Weltgeschichte: London, Paris, Istanbul, Amerika, Nordkap oder auf die griechischen Inseln. Baden gehen ist für Stefan Hettich noch unangenehmer als (wenn es sein musste) auf den einen oder anderen kleinen Berg zu wandern. Da werden ja bloß die Bücher nass. Einmal überredet ihn die Familie, mit an den Fuschlsee zu fahren. Ein Mal eingetaucht und nie wieder. Wassertemperatur unter 24 Grad – das geht überhaupt nicht.

Die Enkelkinder! Die geliebten Enkelkinder! Für sie hat er, nach getaner Berufsarbeit, endlich mehr Zeit als damals für die Kinder … für Astrid, Peter, Bettina, Christoph, Corinna und die Zwillinge Verena und Daniela. Für sie fällt ihm, dem Opa, immer etwas Lustiges ein. Einmal behängt er den Baum im Garten mit Äpfeln, Birnen, Zwetschken, zur großen Verblüffung der Kleinen, und meint: „Was bei uns alles wächst!!"

Unvergessen das „Zigeunerspielen" mit Lagerfeuer und Speckbraten, im Winter auf schaumstoffgepolsterten Bänken sitzen, fest eingemummt, und Äpfel am Holzspieß ins Feuer hängen. Oder der Opa nimmt die große Schneeschaufel, lässt ein Enkelkind aufsitzen und zieht es durch den Garten. Zum allgemeinen Gaudium. Und jeder kommt einmal dran.

„Ich bin so froh, dass die Kinder so musikbegabt sind!" Das hat den Opa, hat Stefan Hettich wirklich stolz gemacht. Seine Familie – ein ganzes vielstimmiges Orchester mit Horn, Hackbrett, Querflöte, Gitarre, Cello, Violine und mehr; Klänge zwischen Blasmusik, Volksmusik und klassischer Musik. Wenn die einen oder die anderen daheim aufgespielt haben, war er einfach selig.

Stolz ist er auch gewesen, als so viel über „die Umlauf-Kinder" in den Zeitungen gestanden ist, damals beim Adventsingen. Der Peter als „Träumer" in Tobi Reisers Oratorium *Sonst bliebe es ein Traum*, an der Seite des Bühnenvaters Hans Stadler … Bettina und Astrid als allererste Hirtinnen in der jahrzehntelang männlich bestimmten Hirtenschar. Der Opa (er ist ja nicht so gerne aus dem Haus gegangen) hat sich aus allen Jahren daheim mit viel Freude die CDs angehört oder die DVDs angeschaut. Die unvergesslichen Jahre beim Adventsingen, die Proben, die Aufführungen, die Freundschaft mit Tobias Reiser, mit den Musikanten, Schauspielern und Chorsängern.

Apropos „Träumer". Der Opa hat einmal dem Skistar Anna Fenninger eine Medaille überreicht! Aber das war nur ein Traum …

Was ihm, Stefan Hettich, außer dem Lesen und seiner Familie wichtig gewesen ist? Anderen zu helfen, vor allem beim Fliesenlegen. Mich wundert, dass die Straße beim Haus in Rif noch immer Tischlerweg und nicht längst Fliesenlegerweg heißt. Katzen und Hunde hat er sehr gemocht. Flockie, Blacky, Jimmy. Die sind auch ausgiebig gefüttert worden. Manchem, dem schwarz-weiß gefleckten Kurzhaarmischling Flockie zum Beispiel, hat man die gute Ernährung durch die Hettichs durchaus ansehen können.

Dass die Tochter Eva gleich nebenan ein Haus gebaut hat, seit drei Monaten einen Katzensprung entfernt wohnt, hat ihn sehr gefreut, und dass ihr Hund, ihre Katze so gern in Opas Garten vorbeischauen …

Stefan und Inge Hettich sind irgendwann, ziemlich bald, aus der Freien Christengemeinde ausgetreten, zu groß waren Zweifel und Skepsis. Aber an den Religionen überhaupt sind sie interessiert geblieben, der Stefan natürlich besonders. Religionssendungen im Fernsehen, *Kreuz und quer* etwa, hat er sich immer angeschaut. Und dann noch Naturfilme. Und Fußball! „Bitte reg di' beim blöd'n Fußball net so auf!", hat die Inge ihm manchmal, ohne Erfolg, nahegelegt. Weil er sich dabei so erhitzen konnte. Herzhaft gelacht hat Stefan Hettich, der Opa, bei alten Filmen mit Hans Moser, Theo Lingen, Gunther Philipp. Oder bei den diversen Faschingsübertragungen.

Zu Einladungen ist er nie gerne gegangen, ein Gesellschaftstiger war er wirklich nicht. Aufs Essen, wenn er nicht darauf aufmerksam gemacht worden wäre, hätte er manchmal glatt vergessen, vor lauter Lesen oder überhaupt. Ein „kleiner Esser" ist er immer gewesen.

Vor 25 Jahren ist Stefan Hettich bei den Verkehrsbetrieben in Pension gegangen. 18 Jahre erfüllte Zeit, erfülltes Leben in Rif – dann 2009 der erste Herzinfarkt, insgesamt sollten es vier werden. Die letzten drei Jahre hat die Inge ihren Mann aufopfernd gepflegt, umsorgt, sich um alles gekümmert, mit Hilfe der Familie. Keine leichte Aufgabe für sie, die, nach einer Hüftluxation als Baby, ein beeinträchtigtes Bein hat. Was hält die Liebe alles aus! Als er, von den Herzinfarkten geschwächt, im Krankenhaus mit dem Kopf auf einer Kante aufschlug und sich dadurch eine Hirnblutung zugezogen hat, hat ihm das viel von seiner Kraft genommen. Aber geduldig ist er geblieben und gejammert hat er nie!

Die Dreifach-Operation nach dem Sturz im Haus und dem Wirbel- und Oberschenkelbruch hat ihm, Stefan Hettich, den Lebenswillen geraubt. Wenn seine Frau, die Inge, ihn im Krankenzimmer besucht und seine Hand gehalten hat, ist er immer ganz ruhig geworden. „Kummst eh wieder?“ Musik haben sie gemeinsam noch gehört, vom CD-Spieler … religiöse Lieder, das große „Halleluja“, Gospels, Spirituals ganz am Schluss.

Und jetzt hat er bestimmt schon Antworten auf seine drängenden Fragen bekommen, über Gott, den Himmel. Wie das wirklich war mit den Bischöfen aus Myra und aus Sion. Was es mit dem heiligen Nikolaus auf sich hat … ob er womöglich doch selbst der Nikolaus gewesen ist, damals, als die beiden Kinder das so fest geglaubt haben?

Santé, Friedl! Egészségére!
(Herfried Kunesch, 1942–2014)

Lasst mich mit zwei Gedankenbildern beginnen. Das erste: Da sitzt eine Familie, die Eltern Otto und Maria und ihre Kinder Gerhard, Otto, Gerhild und Friedl, um einen Esstisch in einer Wohnung in Salzburg, Itzling, kurz nach dem verdammten Krieg – und die Kinder weinen, weil sie so einen Hunger haben und weil es nichts zu essen gibt. Ein leerer Esstisch und vier vor Hunger weinende Kinder!

Das zweite Bild: Da sitzt ein Mann, ein Mannsbild, mit weißem Lockenhaar, schwarz-weißem Schnauzer, das strahlende Leben, vor sich die üppige Speiseplatte mit Meeresfrüchten, in der Hand ein Glas Wein … in Frankreich oder in seinem Paradies in Ungarn – und ist glücklich. Friedl heißt er. Genau der Friedl, der mit seinen Geschwistern im anderen Bild so geweint hat, vor Hunger.

„Jeder Mensch trägt alle Seiten des menschlichen Wesens in sich“, schreibt einer der Lieblingsphilosophen von Herfried Kunesch, Michel de Montaigne. Hungern, Genießen, beides gehört zusammen. Und wenn man das Erste nicht vergisst, das Hungern, kann einen das Zweite, das Genießen, zufrieden, ja: glücklich machen. Völlig zu Recht! „Wer nicht genießt, wird ungenießbar“, singt Konstantin Wecker, einer, den und dessen Lieder der Friedl wirklich sehr gemocht hat.

122

Ich steh doch immer wieder auf,
auch wenn bis jetzt noch vieles mies war.
Ab heute wird nichts mehr versäumt:
Wer nicht genießt, ist ungenießbar.

Friedl Kunesch, Professor Herfried Kunesch, war einer der klügsten Köpfe und einer, der sich mit den einfachen Menschen solidarisiert hat. Selbstverständlich, keine Frage. Solidarisiert – ein Wort, das man nur mehr selten hört. Schade eigentlich. Er hat sich wohlgefühlt im kleinen Dorf Dömefölde in Ungarn, wie er sich wohlgefühlt hat in Frankreich, im Burgund, beim Weinverkosten.

Wie er sich wohlgefühlt hat als Lehrer am BORG, immer nur am BORG, nie in einer anderen Schule. Das war seine Heimat, als Freund, Berater, Begleiter so vieler junger Menschen.

Die Guten hat er gefordert, manchmal auch heftig, aus Sympathie; die nicht so Guten gefördert, auch manchmal heftig. Etwas lernen zu dürfen, ist doch ein Privileg, keine Strafe!

Wenn aber, was es auch gegeben hat, im Konferenzzimmer der eine oder andere aus der Kollegenschaft sich über die „heutige Jugend" abfällig geäußert hat, dann hat das den Friedl in Rage gebracht. „Die heutige Jugend", hat er gesagt, „ist genauso brav und nett wie sie immer war!" Und dann noch: „Schüler – was für ein riesiges Potenzial an jungen Menschen für unsere Zukunft!"

Begeisterung. Ohne dieses Wort ist der Friedl nicht vorstellbar, nicht beschreibbar. Begeistert für so vieles. Für die Literatur, fürs Theater, für die Sprache. So begeisterungsfähig, dass er sich manchmal nicht mehr auf dem Sitzplatz halten kann. Vor Lachen, vor Mitfühlen, vor Anteilnahme. Im Burgtheater etwa, in das er mit seinen „Literaturpflege"-Schülern gefahren ist, mit dem Zug nach Wien und nach der Aufführung zurück, sogar nach seiner Pensionierung noch. Diese Euphorie! Diese ansteckenden Glücksgefühle! Auch auf miesen Plätzen oben im Burgtheater-Juche!

Dass er sich nicht mehr halten kann … auf dem Wohnzimmerstuhl bei den Hüttingers, bei der Fernsehübertragung der Austria-Salzburg-UEFA-Cup-Spiele, 1994 vor allem, als es die Lehener bis ins Finale geschafft haben. Besonders heftig beim Spiel in Frankfurt gegen die Eintracht. Elfmeterschießen.

Otto Konrad, unser Held, hält zwei Penaltys und schießt selbst einen Elfer, zum 5:4-Sieg für Salzburg. Jetzt ist der Friedl außer Rand und Band, jetzt kann ihn nichts mehr halten. Er kugelt und wälzt sich vor Freude am Boden, wie ein Kind! Und dann zerbrechen sich die Freunde den Kopf, ob denn die Salzburger Sensations-Kicker so spät in der Nacht überhaupt noch am Flughafen in Maxglan landen dürfen.

Herfried Kunesch ruft sofort bei Landeshauptmann-Stellvertreter Gerhard Buchleitner unter der Privatnummer an und entgegnet den Bedenken von dessen Tochter, die zufällig abhebt und keine Ahnung hat, mit einem forschen: „I' bin von der Partei! Das heißt:

I' war bei der Partei. Die müssen landen!!!" Sie dürfen auch noch landen.

Hunderte Menschen befinden sich auf einmal auf dem Flugfeld. Da tauchen, noch vor dem Flieger aus Frankfurt, die Wasserwerfer-Wägen auf, um die Fans wegzuspritzen. Der Friedl, der Helmut und ihre Freunde haben freilich genügend Demo-Erfahrung (nicht zuletzt von der Anti-Nixon-Demonstration, den Wackersdorf-Demos und so weiter), um genau zu wissen, wo sie sich platzieren müssen, dass sie das Wasser der Einsatzkräfte nicht erwischt. Ach, einfach abenteuerlich, herrlich! Und alles aus dieser Begeisterung heraus!

Herfried „Friedl" Kunesch – geboren am 26. Mai 1942 in Mauthausen. Mauthausen ist so ein Ort wie Dachau. Da kann man machen, was man will – ganz kriegt man den Ort, die Assoziationen, obwohl man wahrlich nichts „dafür" kann, nicht aus seiner Biografie. Vielleicht macht das einen Menschen erst richtig politisch. Der Vater Otto ist Lagerhausverwalter, die Mutter Maria eine geborene Aichinger.

Der Friedl liebt seine Mutter über alle Maßen und ist stolz auf sie, weil sie als eines der ersten Mädchen damals maturiert hat und sogar als Hauslehrerin in Frankreich tätig war. Manchmal sagt er: „Ich bin ein echter Aichinger!" Nicht Kunesch, Aichinger! Die Liebe eines Sohnes! Seine Kinderzeit: Hühner hat er gemocht, Fischen ist er gern gegangen, am Alterbach, Fußball hat er gespielt …

Eigentlich, so der Wunsch der Eltern, hätte er nach den beiden Buben ein Mädchen werden sollen. Das Lockenhaar ist ihm geblieben und hat ihn geschmückt und geadelt, auch als es schon so schön weiß-grau geworden ist (fast wie das Gefieder seiner Enten und Gänse in Dömefölde). Im Krieg muss die Familie fliehen, mit dem Leiterwagerl von einer Besatzungszone zur andern. Und dann, in Salzburg: Die neue Heimat in Itzling, voller Hunger und Tränen!

Der Friedl wird nach der Schule Gärtner, absolviert die Lehre in Seekirchen, muss neben der ganz normalen Arbeit auch noch für den Lehrherrn, den er aber immer schätzt und verteidigt, auf dessen Hof rackern. Muss im Winter Holz-Stroaf'n, Holz aus dem Wald ins Tal bringen. Mit den Pferden raus aufs Feld. Er kann das, er ist (und wird es immer sein) ein Anpacker! Da gibt es eine Geschichte, die von seiner Liebe zu den Geschöpfen zeugt. „Sterni", ein Pferd, das er damals besonders gern gehabt hat, hat durch eine schwere Infektion eine Kolik erlitten und ist dem Tod geweiht. Was macht er, der Friedl, der Lehrbub? Er geht stundenlang mit dem Pferd auf und ab, immer wieder auf und ab, sagt ihm: „Sterni, leg' di' net hin!" Immer wieder, weil er weiß, dass das das Todesurteil wäre. Sterni kann schließlich nicht mehr und legt sich hin. Er, der Friedl, der junge Mann, der Tier- und Menschenfreund, kann nichts dafür. Er hat gekämpft bis zuletzt.

In Schweden arbeitet er als Gärtner in den Glashäusern, zu denen man ihn schickt, bis ihn eine Nervenlähmung in den Beinen aus der Bahn wirft. Aber seither spricht er Schwedisch, wie er überhaupt ein gewaltiges Sprachentalent wird oder ist. Die Gärtnerei muss er aufgeben, also disponiert er um. Holt innerhalb eines einzigen Jahres die Matura nach, im Alleingang, beginnt in Salzburg an der Uni Deutsch und Geschichte zu studieren. Und wird der Lehrer, der Professor, der die jungen Menschen fordert, fördert und begeistern kann.

Jetzt gibt es, neben dem Studium, etwas anderes, was ihn maßlos interessiert, was ihm äußerst wichtig ist: die Politik, Parteipolitik, Gesellschaftspolitik. Es ist ihm nicht egal, was aus unserer Welt wird, in welche Richtung sich die Erdkugel dreht.

Er engagiert sich heftig und lautstark, wird Vorsitzender der Sozialistischen Jugend, ein Sozialdemokrat, aber ein kritischer, der manchmal auch sehr direkt seine Meinung sagt. Die Ideale der Sozialdemokratie werden immer auch seine sein, ob er jetzt noch oder nicht mehr Parteigenosse ist. Gerechtigkeit ist wichtig, Solidarität. Dafür, dass Studierende nichts Besseres sind als Arbeitende, setzt er sich immer ein.

Dass er, in der letzten Phase seines viel zu kurzen Lebens, Landwirt, Weinbauer, Traktorfahrer, Hackler und Rackler gewesen ist, der für die Nachbarn die Felder bestellt und für seine Lieben den Wein gekeltert hat, passt wunderbar und authentisch in seine Biografie.

Und immer und alles voller Leidenschaft, glühend, enthusiastisch. Ein lebendes Lexikon, ein charismatischer Mensch, ein tausendprozentiger Genießer, eine barocke Erscheinung. „Das Leben ist viel zu kurz um schlechten Wein zu trinken!", eines seiner Lebensmottos. Ein Musikliebhaber … Mozart, Konstantin Wecker, Joan Baez und vor allem Mercedes Sosa.

„Das Gespräch ist, meiner Ansicht nach, die lohnendste und natürlichste Übung unseres Geistes: Keine andere Lebensbetätigung macht mir so viel Freude", schreibt der Philosoph Montaigne. Das hätte genau so auch Herfried Kunesch sagen können. Er hat gern geredet, laut, sehr laut oft, hat Hof gehalten, konnte poltern, hat eine ganze Gesellschaft dominieren können. Ein barocker Mensch voller Leidenschaft. Und dann hat er sich wieder ganz leise in seine Bücher zurückgezogen. Klassik, Lyrik, Goethe, Hölderlin, Handke.

Der Friedl hat auf dem Flughafen-Rollfeld gegen Nixon demonstriert, war beim legendären politischen Happening 1970 dabei, als die kritischen, politisch engagierten Studenten und manche Lehrer gegen den „Muff aus 1000 Jahren", gegen das Establishment, gegen die Wehrpflicht auftraten. Er war auch dabei, als beim Zapfenstreich des Bundesheeres am Residenzplatz im wahrsten Sinn die Sau rausgelassen worden ist. Er, der Friedl, hat höchstpersönlich das Ferkel gekauft und mit Seife eingeschmiert, das dann (ewige Erinnerung, ewige Legende!) quer durch die Reihen der strammen Soldaten-Mannschaft geirrt und gelaufen ist. Bis ein Major nach dem glitschigen Tier hechtete und es irgendwie einfing.

Damals hat er viele Menschen mit seiner Entschlossenheit, mit seiner politischen Haltung überzeugen können. Der Friedl mit seiner ansteckenden Begeisterungsfähigkeit. Als Vorsitzender der Sozialistischen Jugend hat er die in den Köpfen und Herzen brennenden Themen ins Licht gerückt. Etwa „… die Trennung von geistiger und körperlicher Arbeit durch die Zusammenarbeit von Schülern und Lehrlingen in der Sozialisten Jugend zu überwinden und gemeinsam ein wenig mehr an Demokratie zu erringen." Hat er geschrieben.

Als sich der kletter-erfahrene Freund Helmut mit einem Mitstreiter vom Mönchsberg abseilt, um über dem Neutor ein riesiges „WAA – nie!"-Transparent gegen die Atom-Wiederaufbereitungsanlage Wackersdorf zu befestigen, steht der Friedl drunten bei der Pferdeschwemme Schmiere, im Trenchcoat mit hochgestelltem Kragen, und passt auf, dass die „Bullen" nicht zu früh kommen. Es ist Festspielzeit, und so eine Aktion ist ein Anschlag auf die Salzburger Beschaulichkeit.

Seine wichtigen Freunde: Niki, sein bester Freund seit Jahrzehnten, mit dem er schon in der WG in der Henri-

Dunant-Straße die Welt und das Leben nächtelang diskutiert und viele Reisen unternimmt. Kurti, Kurt Obermaier, der begnadete Gitarrist, auch er ein Freund seit der gemeinsamen WG-Zeit in den 60er-, 70er-Jahren. Carlo, Nikis Bruder, mit dem man so gut über Wein und alles andere reden kann, nächtelang! Der Gotti, Gottfried Neudecker, lernt den Friedl kennen, als er einen Kindergartenplatz für seinen Buben sucht. Herfried Kunesch ist ja auch einer der Mitorganisatoren des ersten Kinderladens in Salzburg. Kinderladen für alle, keiner wird ausgeschlossen. Ach, die schönen Ideale.

„Vom Gärtner zum Kindergärtner", so hat der Gotti es formuliert. Gibt es einen „Schülergärtner"? Einen, der den Boden bereitet, dass jede Pflanze, jeder junge Mensch, nach seinen Möglichkeiten, nach seinem Plan wachsen und aufblühen kann? Gärtner ist ein schöner Beruf, mit den Händen, mit dem Herzen und der Seele. Der Gärtner Friedl. Wie viele Absolventen des BORG haben sich später, als sie ihre studentische Karriere beendet haben, in Vorworten und Grußadressen bei „ihrem" Professor Kunesch bedankt!

Ganze Schulklassen haben sich in ihn verliebt. Manche Schüler haben ihn gefürchtet, ja gehasst … oder zuerst gehasst, dann geliebt. Sehr viele waren glücklich mit ihm.

Lasst uns über die Liebe reden. Mit einem Gedicht von Erich Fried.

Es ist Unsinn, sagt die Vernunft
Es ist was es ist, sagt die Liebe.
Es ist Unglück, sagt die Berechnung
Es ist nichts als Schmerz, sagt die Angst
Es ist aussichtslos, sagt die Einsicht
Es ist was es ist, sagt die Liebe [...].

Die erste Ehe, die Studentenehe. Sie heißt Eva. Die Liebe kommt und bleibt eine Weile. In dieser aufregenden, aufgeregten Zeit in den 60er-, 70er-Jahren. Das Schönste, das eine Liebe zu schenken hat, sind Kinder. Susanna, mit der dieser schöne Kontakt immer geblieben ist. Nina. Beide hat er sehr geliebt! – Elisabeth und Sophie, Gabriel und Anna heißen inzwischen deren Kinder. Die Liebe geht nach ein paar Jahren. Es ist, was es ist. Dann die Rikki, Lehrerin am BORG wie der Friedl, liebenswert, sehr liebenswert, melancholisch, das auch. Ein Haus draußen in Berndorf.
Die Liebe schenkt den beiden auch zwei Kinder, den Didi, der wissbegierig wie der Friedl ist, in der sagenhaften Welt der Ritter und Dinosaurier glücklich daheim. Und Melina, das entzückende, zarte, elfenhafte Mädchen. Wie von einer anderen Welt. Verloren? Suchend? „Unser Suchen kann kein Ende finden", schreibt Michel de Montaigne. „Unser Ziel ist in der anderen Welt."
Und dann die Katastrophe. Die Rikki nimmt den beiden Kindern und sich selbst das Leben. Da bleibt die Welt stehen. Da kann sie sich doch nicht mehr weiterdrehen?! Da kann ja keine Sonne auf- und unterge-

hen! Da helfen kein Goethe, kein Hölderlin, keine Joan Baez, kein Mozart! Da helfen, schön, wenn man sie hat, echte Freunde. Wie Ariane und Helmut, die den Friedl sofort bei sich daheim aufnehmen. Die Neudeckers, die ihn in die Arme nehmen und so sein lassen, wie er ist. Wütend, weinend, verzweifelt, ein Kind, ein Ritter, der um sich schlägt. Wie soll das denn anders gehen!

Die Meldung von dieser Katastrophe hat auch eine ehemalige Schülerin von Herfried Kunesch im Radio gehört. Sie sind einander nach der Schulzeit das eine oder andere Mal flüchtig begegnet. Jetzt ist sie, Brigitta Pansy, Mitte 30, erschüttert und möchte ihm einfach nur helfen. Sie schreibt ihm einen Brief. „Wenn Du mich brauchst, bin ich für Dich da!" Er braucht sie, sie ist da. Sie erträgt seine Emotionen, seine Verzweiflung, Jähzorn. Er kocht für sie. Er ist, immer schon gewesen, ein leidenschaftlicher Koch.

Eines Tages sagt er, der Friedl: „Wenn du mir einen Schlüssel zu deiner Wohnung gibst, bin ich mit dem Kochen fertig, wenn du heimkommst." Heimkommen von der Arbeit, als Geschäftsführerin eines Reiseunternehmens, das Ostafrika-Fahrten organisiert. Ein Jahr später heiraten die beiden, Brigitta und Friedl, in Kenia.

Der Friedl, begeisterter Lehrer, der er ist, steht bald nach der Katastrophe wieder in den Klassenzimmern, erzählt von Hölderlin und Goethe und fährt mit seinen Literaturpflegeschülerinnen und -schülern nach Wien ins Burgtheater. Bis über die Pensionierung hinaus.

Und dann wird ein Traum in ihm wieder wach: Weinbauer möchte er sein! Wie oft hat er es vorher schon, ganz klein und überall, versucht, auch in Berndorf. Und den Weinbau-Profis hat er, der Weinbau-Träumer, immer schon kluge Tipps gegeben. Aber jetzt ist die Zeit reif. Gemeinsam mit der Brigitta findet er, nach langem Suchen in Frankreich, in der Steiermark und so fort, eine gut 400 Jahre alte „Ruine", ein klappriges Haus in Dömefölde im südwestlichen Ungarn, nicht weit von der steirischen Grenze entfernt. Bei der ersten Begehung bricht die Brigitta samt Fußboden durch, aber sein starker Arm fängt sie auf und hält sie fest. Zwei Hektar Grund, auf dem sich 600 Weinstöcke, 1000 Rosenstöcke einpflanzen lassen – und Spargel und Artischocken. Gemüse, Blumen aller Art. Und Obstbäume! Ein großer Fischteich! Das ist es! Das ist das Paradies.

Ihr Ungarn! Und dazwischen die Reisen nach Usbekistan, China, Indien, Persien. Der Friedl war immer großartig informiert, er hätte ja überhaupt bei jeder Folge der „Millionenshow" im Fernsehen den besten Telefonjoker abgegeben. Dass er extra das persische *Buch der Könige*, das *Schāhnāme* gelesen hat, versteht sich fast von selbst. Hoffentlich werden seine spannenden Reisetagebücher irgendwann veröffentlicht!

Früher hat er mit dem Auto Wein geschmuggelt, was das Zeug gehalten hat, aus Frankreich 200, aus Portugal 800 Flaschen! Die Mitfahrer sind an der Grenze immer so nervös geworden, dass sie ihr Herzschlag fast verraten hätte. Jetzt produziert er seinen eigenen Wein! Die Brigitta gestaltet tolle, kunstvolle Etiketten für den Zweigelt oder den Grappa. Der Friedl kann nicht genug kriegen, er baut an und erntet, immer um Häuser zu viel. Ein Großteil wird an Freunde verschenkt. Fünf Kilo Spargel mit herzlichem Gruß – keine Seltenheit. „Friedl, wir sind nicht der Lieferant vom Interspar!", mahnt ihn seine Brigitta einmal.

Die Freunde aus der Heimat kommen gern, der Niki, der Gotti, der Spitzer Hans, Schnapsbrenner, Weinexperte, der liebe Freund, mit seiner Felicitas zum Beispiel. In Dömefölde freunden sich die Brigitta und der Friedl sofort mit den Nachbarn an: mit Erna und István, Béla, Jenö und Ilona. Nachbarschaftshilfe auf dem Feld, Freundschaften beim Essen und Trinken.

Dann diese Krankheit mit dem Namen „multiples Myelom". Die Ärzte wissen, was das heißt, aber helfen können sie dem Friedl gegen diesen Albtraum, der das Blut und die Stammzellen kaputt macht, auch nicht.

Nach der Diagnose vor fünf Jahren umrundet der Friedl den Heiligen Berg der Tibeter, den Kailash, ist stolz und glücklich – und voller Zuversicht. Seiner Brigitta bringt er die Arbeit im Weingarten und auf dem Feld bei und ermöglicht ihr, ihr Kunstgeschichte-Studium fertig zu machen. Bei der Sponsionsfeier heuer im März (er ist nicht einmal zu seiner eigenen Sponsionsfeier gegangen), ist er glücklich und stolz, wie damals beim Kailash.

Im April die letzte Reise. Er, der Italien nicht so mag wie Frankreich, fährt der Brigitta zuliebe nach Ravenna und Florenz. – „Es ist eigentlich nie möglich, genau zu sagen, wann wir am Ende unserer Hoffnung sind", schreibt Michel de Montaigne.

An den letzten Tagen im Krankenhaus, auf der Onkologie, schläft der Friedl viel. Er, der niemals müde geworden ist, bei jedem Fest der Letzte war, ist auf einmal sehr, sehr müde. Spricht nicht mehr, vor Müdigkeit. Am letzten Abend in seinem Leben sitzt die Brigitta, wie immer, an seinem Bett und hat den Fernseher eingeschaltet. Irgendein Krimi. Auf einmal sagt der Friedl (das letzte klar verständliche Sätzchen auf Erden): „Den kenn' i' schon!"

Er hat zu 99 Prozent den Krimi gemeint. Aber lasst uns diesen Ein-Prozent-Traum träumen, dass er vielleicht, wie der Brandner Kaspar im Theaterstück, in den Himmel geschaut hat. „Den kenn i' schon!" Den Himmel! Weil dieser Himmel genauso ausschaut wie Dömefölde. Weinstöcke, Rosenstöcke, Spargel- und Artischockenfelder … kein „Hosianna", aber dafür das geliebte Quaken der Frösche, die Rufe und Gesänge der Vögel.

Und jetzt hockt der Friedl, Herfried Kunesch, längst auf einem Traktor, nicht in einer Engel-Uniform, sondern in seinem Arbeitsgewand, den Hut am Kopf … fährt, lächelt, lacht … und prostet uns mit seinem allerbesten Wein zu. Santé, Friedl! Egészségére!

Rohrnetzmeister und Torschützenkönig
(Martin Dannerberger, 1930–2019)

„Was, der Dannerberger fliagt aa mit?!" Der Dannerberger ist zwar damals schon 70 oder 70 vorbei, aber in der Abfertigungshalle am Salzburger Flughafen geht noch immer ein kleines Raunen durch die Seniorenreisegruppen, die auf den Abflug nach Portugal, Kreta oder Zypern warten. Der Dannerberger von der Austria! Ein klingender Name, immer noch, obwohl der seine Fußballschuhe vor gut und gern 40 Jahren an den Nagel gehängt hat. Martin Dannerberger ist dieses Erkanntwerden nicht besonders wichtig, aber schön ist es doch.
Der Dannerberger, als Stürmer der „Siebener", als Verteidiger mit der „Vier" am Rücken.

In Jesolo (die Dannerbergers verbringen 35 Jahre lang Sommer für Sommer ihren Urlaub im Hotel Trifoglio … Martin und Inge zu zweit oder mit den Töchtern Ulli und Gabi) – in Jesolo also treffen sie oft den bekennenden Jesolo-Fan Hans Krankl, eine Generation nach dem Martin auf dem Fußballplatz erfolgreich. Und der begrüßt den Dannerberger einmal mit der typisch wienerischen Ansage: „Na, Gscherda, fahrst aa noch Jesolo?!"
Für einen Rapidler sind ja alle, die nicht aus Wien stammen, Provinzler, Gscherde. Aber dem Martin macht das nichts aus. Der Krankl ist ja kein Ungustl.

Und als der Dannerberger sein letztes Spiel in der Kampfmannschaft des SV Austria Salzburg bestritt, war der Hansi grad einmal sieben, ein Knirps.

Als ich so ein Knirps war, mit sieben also, hat mich mein Großonkel auf den Platz in Lehen mitgenommen. 1957 war das, im Mai. Und neben dem Dannerberger haben in diesem Match gegen Wacker Wien (das hab ich nachgelesen) Praschak, Feldinger, Höckner, Grün, Jelinek, Minarik, Kubik, Teufl und der Vickerl Lindner mitgespielt. Ich aber hatte meine Augen voll und ganz auf den Tormann gerichtet: Rudi Krammer.

Daheim hab ich dann aufgeregt erzählt, dass der Krammer bei einer Abwehrparade so hoch hinaufgehechtet ist, dass er samt dem Ball auf der Querlatte zu liegen kam. Das hat mir keiner geglaubt. Aber für mich war es so, jedenfalls ein paar Wochen lang. Verzeihung, dass mir von meinem allerersten Fußballspielbesuch der Tormann Krammer und nicht der Verteidiger Dannerberger im Gedächtnis geblieben ist. Martin Dannerberger, sein Leben lang stolz darauf, ein Salzburger zu sein, das heißt eigentlich: ein gebürtiger Altmaxglaner! Maxglan war ja damals noch eine eigenständige Gemeinde!

Das Licht der Welt erblickt er am 22. September 1930 als vorletztes der insgesamt acht Kinder von Johann und Maria Dannerberger. Erste Wohnadresse: die Moserstraße. Der Vater arbeitet als Straßenmeister beim Magistrat. Von den acht Kindern (eigentlich waren es ja zehn, aber zwei sind schon im Kindesalter gestorben) leben jetzt, nach Martins Tod, nur noch Käthe und Erika. Der Bruder Felix hat schon vor dem Martin bei der Austria gekickt, einige Saisonen lang sind sie also gemeinsam eingelaufen: Dannerberger I und Dannerberger II, haben die Zeitungen geschrieben.

Als der Martin zehn ist, tauscht die Familie Maxglan (das inzwischen in die Stadt eingemeindet worden ist) mit Parsch. Jetzt wird die Weichselbaumsiedlung zur neuen Heimat. Mit 12 tritt Martin Dannerberger der Jugendmannschaft der Salzburger Austria bei. Und mit 16 ½ spielt er schon in der „Ersten".

Zur Familie gehörte immer auch mein Traumtormann, der Krammer Rudi, mit dem sich die Buben beim Fußballspielen angefreundet haben. Es waren ja diese weiß Gott schwierigen Zeiten im Krieg, nach dem Krieg … und der Rudi, der später von mir so verehrte Krammer Rudi, war ein Heimkind, ein Kind im Heim, aber Heimat hatte er keine, kein richtiges Zuhause.

Der Hans, der älteste Sohn der Dannerbergers, ist als Marinesoldat im Kriegseinsatz. Als die Buben der Mutter erzählen, wie arm der Rudi dran ist, sagt sie, ohne lange nachzudenken: „Bringts'n mit. Wir haben Platz für ihn, bis der Hans wiederkommt." Der Hans kommt nicht wieder, er fällt in diesem Krieg. Der Rudi darf bleiben.

Ein Herz hat sie gehabt, die Maria Dannerberger, ein großes sogar. Dafür war der Krammer Rudi sein Leben lang ihr und der ganzen Familie sehr, sehr dankbar.

Fußballer! Berühmt und reich werden! Letzten Samstag stand in der BILD-Zeitung, deren Sportteil Martin Dannerberger täglich gelesen hat, dass der Arsenal-Spieler Mesut Özil seine 10-Millionen-Villa in London zum Verkauf anbietet. 10 Millionen Euro! Und von Cristiano Ronaldo ist bekannt, dass Real Madrid vor ein paar Jahren seine Beine auf 200 Millionen versichern ließ, 200 Millionen pro Bein!
Fußballer wie der Dannerberger, der Fleck, der Grün, der Feldinger, der Höckner und wie sie alle hießen, waren ja Vertragsspieler für eine Bagatelle an finanzieller Zuwendung. Martins Füße sind in seinen besten Kicker-Jahren auf 40.000 Schilling versichert worden. Immerhin. Einschließlich dem ausdrücklichen Verbot, Sportarten auszuüben, welche diese Füße und Beine gefährden könnten, wie Skifahren etwa.
Damals, in den späten 40er- und in den 50er-Jahren, kann man also vom Fußballspielen wahrlich nicht leben. Da muss schon ein ordentlicher Beruf her. Martin Dannerberger beginnt seine berufliche Laufbahn, nach dem Besuch der Volks- und der Hauptschule in der Griesgasse, beim Städtischen Gaswerk. Das heißt: Weil dort keine Lehrlinge ausgebildet werden können, geht der Bursch drei Jahre lang in die Lehre bei einem Schlossermeister in der Gstättengasse, kehrt als

Schlosser zurück zum Gaswerk in Lehen und bleibt den Stadtwerken treu bis zu seiner Pensionierung.

Martin Dannerberger ist bereits beides: ein bemerkenswerter Fußballer und ein tüchtiger, zielstrebiger „Gaswerker". Aber er möchte noch mehr erreichen, deshalb studiert und lernt er neben all den Verpflichtungen mittels Fernkursen viele Abende und Nächte lang – und bringt es schließlich zum Rohrnetzmeister, ein Beruf, der in Österreich so gut wie unbekannt war. 1930, in Martin Dannerbergers Geburtsjahr, hatte das Rohrnetz in bzw. unter der Stadt Salzburg bereits eine Länge von insgesamt 84 Kilometern. Und jetzt ist also alles, was an Gasrohren in der Stadt unter der Erde liegt, sein Revier, sein Aufgabenbereich. Das bedeutet oft Tag-und-Nacht-Bereitschaft, gefährliche Einsätze. Sobald irgendwo ein Leck oder plötzlich aufgetretener Gasgeruch gemeldet wird, muss er mit seinem Trupp vor Ort, muss dafür sorgen, dass die Straßen rechtzeitig abgesperrt, dass im Notfall Menschen evakuiert werden. Und vieles mehr.

Rohrnetzmeister Martin Dannerberger trägt dabei sehr große Verantwortung. Trotzdem ist das Gas manchmal einfach schneller, und die Männer vom Trupp müssen Menschen bergen, die das Unglück nicht überlebt haben. Belastende Einsätze, belastende Dienstzeiten, mitunter rund um die Uhr.

Aber Martin Dannerberger liebt seinen Beruf und arbeitet beim Gaswerk, bei den Stadtwerken auch nach dem ersten Herzinfarkt, mit 49 Jahren, weiter.

Genauso nach dem zweiten Infarkt, zwei Jahre später. Mit vier Bypässen ist er immer noch dabei. Ein umsichtiger Chef freilich lässt seinen gesundheitlich angezählten Rohrnetzmeister nicht mehr zu den Einsätzen hinaus, behält ihn im Büro, schont ihn und sorgt sehr kollegial dafür, dass Martin Dannerberger bei einigermaßen passabler Gesundheit in den wohlverdienten Ruhestand eintreten kann.

Die Krankheiten! Wenn die nicht gewesen wären! 40 Lebensjahre immer, einmal mehr, einmal weniger, im Schatten der Krankheiten. Im Rhythmus eines Herzens, das sich nicht an die Spielregeln hält. Der Torschützenkönig der Austria Salzburg (mehr als 200 Mal hat er bei den Tauernliga-, Staatsliga-, Test- oder Freundschaftsspielen den Ball im gegnerischen Netz versenkt) beweist auch in den schweren Zeiten großen Kämpfergeist. Nur manchmal sagt er seufzend zur Inge, seiner großen, liebevollen Stütze in all den Jahren: „I hob immer 's Bummerl!"
Fußballer, auch die mit den härtesten Schalen, haben ja in Wirklichkeit einen baazwaach'n Kern, eine empfindsame Seele. Und viele von ihnen lieben die melancholischen Wienerlieder. Bei der Verabschiedung vom Praschak und vom Kodat zum Beispiel hab ich einige der harten Fußballhelden mit Tränen in den Augen gesehen.
Inge und Martin Dannerberger haben bei Heurigenbesuchen in Wien einige der besten Wienerlied-Sänger erlebt. Horst Chmela etwa, der dieses Lied geschrie-

ben hat, das der Martin so geliebt hat und das, was die Gesundheit betrifft, irgendwie fast schicksalhaft auf ihn gemünzt scheint: *Aaner hat immer das Bummerl …*

Lasst uns über die Liebe reden. Am 6. Jänner 1950 findet im Salzburger Festspielhaus der Zuckerbäcker-ball statt. In Begleitung ihrer Eltern darf ein noch nicht ganz 16-jähriges Mädchen daran teilnehmen. Ingeborg Anner heißt die junge Dame, in Wien ge-boren, aber schon als Kind nach Salzburg gekommen. Sie ist Textilverkäuferin bei der Firma Ornstein (spä-ter Mühlberger) in der Getreidegasse.

Der Krieg hat auch ihr Leben und das ihrer Familie belastet; die Wohnung in Itzling war nach einem Bombentreffer nicht mehr bewohnbar … aber jetzt ist das alles vergessen. Heute, am Dreikönigstag 1950, ist Zuckerbäckerball. Und grad bittet sie der noch nicht ganz 20-jährige Schlosser vom Städtischen Gaswerk Martin Dannerberger um einen Tanz. Es werden mehrere Tänze, er führt sie an die Bar und lädt das Fräulein Inge auf ein Glas Sekt ein.

Und dann sagt der Herr Martin, damals Stürmer bei der Austria (in der Fußballersprache würde man sa-gen „mit direktem Zug zum Tor"): „Weißt was, wir heiraten!" Liebe auf den ersten Blick, eine klare Stra-tegie nach den ersten Tanzschritten. Aber ein bisschen gar jung sind die beiden schon noch! Vor allem das Fräulein Inge!

Verlobung wird fünf Jahre später, 1955, gefeiert, noch vor der legendären Indonesien-Tournee der Austria

Salzburg. Indonesien, Java, Sumatra, Malaysia. Sechs Wochen, zig Spiele vor zigtausend Zuschauern, und fast alle Matches gewinnen die Salzburger – ein Meilenstein in der Vereinsgeschichte der Violetten. 8.000 Schilling pro Kopf: Das ist die Gesamtpauschale für den Verdienstentgang. Die Kicker sind ja von ihren Arbeitgebern extra freigestellt worden. Die einheitliche Kleidung, hellblaues Sakko und beige Hose, haben sie sich aus der eigenen Geldtasche bezahlt.

Was Martin Dannerberger und seinen Kollegen in Südostasien schwer zu schaffen macht, das sind die Hitze, die hohe Luftfeuchtigkeit, die exotische Verpflegung. Von Viktor Lindner geht damals dieses Telegramm nach Hause ab: „Viele Magenverstimmungen, zum Teil schlechte Laune, Heimweh."

Dafür werden sie wie kleine Könige empfangen, und der indonesische Präsident Sukarno drückt den Salzburger Kickern bei einer Essenseinladung höchstpersönlich die Hand. Am Schluss jedenfalls, trotz aller Strapazen, sind sich alle einig: „Es war ein einmaliges Erlebnis!" Und Austria Salzburg hat Österreich bestens repräsentiert.

Abgemagert und ziemlich erschöpft kehren die Helden nach Salzburg zurück, die hellblauen Sakkos und die beigen Hosen flattern ihnen nur so um die Arme und die Beine.

Aber schnell zurück zur Liebe, der von Inge Anner und Martin Dannerberger. Geheiratet wird im Jahr nach Indonesien, am 14. Jänner 1956 im Schloss Mirabell und in der Evangelischen Kirche. Die Trauzeugen sind selbstverständlich Fußballer. Der Lindner Vickerl beim Martin, der Grün Fredl bei der Inge.

Und dann gibt es noch die Hochzeitsreise, nach Wien. Martin und Inge Dannerberger verbringen acht wunderschöne Tage und Nächte im Fürstenhof, einem nicht nur von Fußballern geschätzten Hotel. Eine feine Flitterwoche samt Volksopernbesuch, einem Abend in der Löwinger Bühne und einem bei der Wiener Eisrevue.

Im April 1957 beziehen Martin und Inge eine Wohnung in der Franz-Martin-Straße Nr. 10 in Lehen – die gemeinsame Heimat, 62 Jahre lang. Für den Martin ein Zuhause, in das er nach den vielen Zwischenstationen in den Krankenhäusern und Rehas immer liebend gern zurückgekehrt ist.

Trotz Fußball und Arbeit als Rohrnetzmeister: Die Familie steht für Martin Dannerberger immer an erster Stelle. Seine Inge, seine zwei Dirndln, also die Töchter Ulli und Gabi mit ihren Männern Mike und Franz, und die Enkelbuben natürlich, Johannes und Andreas.

Den Mädeln bringt er das Schwimmen bei, das Karteln, das Boccia-Spielen am Strand von Jesolo. Und vieles mehr. Aus Italien bringt er auch eine kulinarische Vorliebe mit: Die für „die Ringerl", also für „Calamari fritti", frittierte Tintenfische, zum Beispiel die vom Chinarestaurant Goldfasan in der Nähe. – „Sollen wir dir was zum Essen bringen?" – „Ja, bitte die Ringerl …"

In Martin Dannerbergers Kicker-Fußstapfen tritt keiner von den Enkeln. Zum Johannes, der immerhin auch zur Austria-Jugend kommt, sagt der Opa eines Tages, rau aber herzlich: „Hör auf zum Fußballspielen, du kannst es net!" Beide, Opa und Enkel, verschmerzen es.

Der ehrgeizige Fußball-Opa hat ja selbst nach seiner Karriere ein paar Jahre lang den violetten Nachwuchs betreut. Bis zuletzt ist es immer wieder mal vorgekommen, dass einer der Schüler, inzwischen auch schon leicht ergraut, ihn auf der Straße mit „Herr Trainer" begrüßt hat.

Was Martin Dannerberger außer Familie, Fußball, Beruf richtig Freude bereitet hat? Stockschießen auf der Asphaltbahn im Lehener Park, mit seinen Freunden vom EV. Da war er immer mit Begeisterung dabei, Tag für Tag. Aktiv, wenn er halbwegs gesund gewesen ist, als Zuschauer wenigstens, wann immer es möglich war. Bis vor zwei Jahren hat er noch den Stock geschwungen. Als ihm der Weg zuletzt zu weit wurde, haben Freunde oder Familie ihn mit dem Auto gebracht.

Nach dem Stockschießen: Kartenspielen im Vereinshaus – Präferanzen. Als Jugendlicher hat er tarockiert, ziemlich gut sogar, auch mit älteren Herrschaften.

In Italien, an der Adria, ist Martin Dannerberger manchmal mit den Fischern aufs Meer hinausgefahren und hat sich mit ihnen bestens verstanden, ohne

ein Wort Italienisch zu sprechen. „Pesci bumbum!"
Das muss so was Ähnliches wie „Fische fangen" bedeutet haben.
Oder der große Wohnwagen am Irrsee samt Kabel-
fernsehen und schönem Schlafzimmer – da hat er
sich viele Jahre lang, nach anstrengender Arbeit, re-
generieren können. Dann das Autofahren ... Vor zwei
Jahren haben sich Inge und Martin Dannerberger ein
neues Auto zugelegt: einen Škoda Racing Sport,
wenn schon, denn schon! Vor drei Monaten, zum
Herz-Check in Großgmain, ist er noch selbst damit
gefahren.

Beim Tanzen haben sich die beiden, Inge und Martin,
ineinander verliebt, Tanzen ist quer durchs Leben ihre
Leidenschaft geblieben. Die großen Bälle im Kongresshaus, mit Musik von so tollen Ensembles wie dem
Ambros-Seelos-Orchester oder dem von Kurt Edelha-
gen. Im Kongresshaus können sie immer am Tisch
des Saalmeisters sitzen – das ist ja auch kein Geringe-
rer als Martins Bruder Felix, Dannerberger I.
Mörbisch, St. Margarethen im Burgenland stehen
Sommer für Sommer auf dem Terminkalender von
Inge und Martin – Operette und Oper. Wobei er
manchmal ihr zuliebe mitgeht. Aber gefallen hat es
ihm dann jedes Mal.

Fußballer haben ja häufig ihre Spitznamen, die zum
Markenzeichen werden. Willy König war „der Lange"; Karl Sesta, 1954/55 Trainer der Violetten, wur-

de als Spieler, damals im „Wunderteam", immer „der Blaade" gerufen. Martin Dannerberger war, seiner Statur entsprechend, „der Kleine". Auch eine Art Ehrentitel. Einmal, beim Herrgott aus Staa, dem Heurigen in Ottakring (nach dem unsterblichen Lied von Karl Hodina benannt), rätselt ein Heurigenmusiker namens Stadelmaier ein paar Sekunden, aber dann fällt es ihm blitzschnell ein und er ruft durchs Lokal: „Klaana, i' kenn di'! I' hob scho' g'spüüt gegen di'!"

Es ist ja wirklich so: „Auf gebaut kommt's net an!" Immer wenn Martin Dannerberger im Fernsehen den alten Schwarz-Weiß-Film *Hallo Dienstmann* mit dem Hörbiger und dem Hans Moser, der beim Kistenschleppen den berühmten Satz ausspricht, gesehen und gehört hat, konnte er lächelnd, lachend mit dem Kopf nicken. „Genau so ist es: Auf gebaut kommt's net an!"

„*Ein Pfifferl für die Frau Lotte!*"
(Paula Charlotte Freier, 1927–2016)

Vielleicht ist die Vorfreude ja doch die schönste Freude. Wenn der Urlaubskoffer schon 14 Tage vor der Reise fix und fertig gepackt ist. Oder wenn man sich am Montag beim Aufwachen bereits so richtig darauf freut, dass man am Sonntag zu Mittag, wie immer, wieder ins Lieblingslokal, nein: in die Sonntagsheimat kommen wird. Per Taxi, und dann wird man zur Wirtin freundlich, herzlich sagen: „Emmy, einen Pfiff!" Oder: „Ein Pfifferl!"

Die Emmy, das ist die Chefin vom Sportstüberl beim Platz vom Fußballklub USK Gneis. Und die alte Dame, die grad herzlich und freundlich wie immer das gemütliche kleine Lokal betreten und bestellt hat, das ist die „Frau Lotte".

Eigentlich heißt sie ja Paula Charlotte Freier … aber das haben die wenigsten gewusst. Ein Pfifferl Bier und Würstel, manchmal auch ein Wiener Schnitzel; der Frau Lotte hat hier alles geschmeckt. Die Atmosphäre im „Stüberl" hat ihr gutgetan. Ein Pfifferl – und danach ein Kaffeetscherl und das eine oder andere Zigaretterl. Wie immer, wie fast 13 Jahre lang. Die letzten anderthalb Jahre hat sie es nicht mehr hierher geschafft.

Fast ein Vierteljahrhundert ist es her, dass ihr geliebter Ehemann, der Jakob, gestorben ist. Die Lotte hat ihn wirklich aufopfernd gepflegt bis zuletzt … wie sie auch ihre Mutter aufopfernd und liebevoll gepflegt hat bis zuletzt. Der Tod vom Jakob, das war ein tiefer Einschnitt in ihrem Leben. Aber die Lotte, Lotte Freier, hat nicht aufgegeben, hat sich derrappelt, sich wieder unter die Menschen begeben, wo sie sich ihr Leben lang am wohlsten gefühlt hat.

Wer Lotte Freier kennenlernen durfte, wird das bestätigen: immer gut gelaunt, immer für einen Spaß zu haben, fröhlich, unternehmungslustig. Die Lotte konnte eine ganze Freundesrunde bestens unterhalten. „Mit der Lotte gibt's immer a Gaudi!" Der Jakob war eher der besonnene Mensch, gewissenhaft, genau, ein Buchhalter, der alles doppelt und dreifach geprüft und überdacht hat.

„Der Jakob weiß so viel und kann so viel!" – Die Frau Lotte hat gerne von ihrem Mann geschwärmt. Sie haben sich gegenseitig geschätzt und sind einander mit Liebe und Respekt begegnet. Nach seinem Tod hat die Familie sie aufgefangen, der Bruder Herbert, die Schwester Mitzi vor allem und deren Ehepartner, die Nichten und Neffen. Die Verwandtschaft von Jakobs Seite her, auch wenn die in Deutschland lebte und lebt. Besucht haben sie sich gegenseitig, regelmäßig. Der Neffe Reinhard war besonders wichtig, damals und bis ganz zuletzt.

Mit den Geschwistern Mitzi und Herbert ist sie auch zum ersten Mal ins Sportstüberl gekommen … dann nur mit dem Herbert … nach seinem Tod allein. Der Michael, der Großneffe, hat einmal eine Zeit lang beim USK Gneis gekickt. Das haben sich natürlich alle anschauen müssen, die Lotte vor allem. Obwohl sie sich für Fußball nicht wirklich interessiert hat. Aber so hat sie das Stüberl, die Frau Emmy, die netten Gäste hier entdeckt und sich von Anfang an wie zu Hause gefühlt. Das heißt: Wenn die Gneiser Fußballer ein Spiel gewonnen haben, hat sie sich für sie und mit ihnen gefreut. In dieser Saison hätte sie nicht allzu viel Grund gehabt. Aber das ist eine andere Geschichte.

Wenn die Taxler zur Wohnadresse von der Frau Freier gerufen wurden, in die Bocksbergerstraße in Herrnau, in der Nähe der Naturwissenschaftlichen Fakultät der Uni und vom Seniorenheim Hellbrunn, haben sie gleich gewusst: Es geht nach Gneis, Sonnhofweg 70, ins Sportstüberl. Und es muss wieder Sonntag sein!
Die gepflegte, gut gekleidete Dame mit der stets tadellosen Frisur. Das mit der Frisur versteht sich von allein, immerhin war die Frau Lotte ja selbst einmal Friseuse. Beim legendären Werfer am Mirabellplatz beispielsweise. Auf der Tafel über der Eingangstüre steht noch immer Coiffeur Werfer. Wahrscheinlich hat es dieses Schild schon zu ihrer Zeit gegeben. Das Wort „Coiffeur" ist ja aus der Mode gekommen.
Im Friseurladen beim Paracelsus Hallenbad hat sie auch gearbeitet. Das Geschäft gibt es nicht mehr … wie es auch die Makartpost nicht mehr gibt. Nach der Arbeit mit Schere und Kamm hat Lotte Freier zur Arbeit mit Briefmarke und Stempel gewechselt.

Sie muss so beliebt gewesen sein, dass sich Postkunden, heißt es, extra in der längeren Warteschlange vor den Schaltern angestellt haben, bloß um von ihr bedient oder beraten zu werden.

Geboren wird die Lotte Freier als Paula Charlotte Golser, und zwar am 21. Juni 1927 in Salzburg. Die Eltern heißen Richard und Maria. Drei Geschwister gibt es bereits, als Lotte das Licht der Welt erblickt: Richard, Mitzi und Toni; nach ihr werden noch der Herbert und der Peter geboren. Der Peter, der Jüngste also, stirbt als Erster – mit sechs Jahren an Diphtherie. Ein harter Schlag im Leben der Familie, die erste schmerzende Kerbe in Lottes Lebenslauf.

Die Heimat der Golsers damals, das ist Itzling, die Pflanzmannstraße zwischen Bahnhofs- und Kirchenstraße. Es ist die Zeit vor dem Zweiten Weltkrieg, die Familie ist wahrlich nicht mit Gütern gesegnet; man muss schauen, wie man durchkommt. Das hat sie draußen im Sportstüberl manchmal erzählt, nicht verbittert, einfach um es loszuwerden: wie karg das Leben in ihrer Kinder- und Jugendzeit gewesen ist ... und wie hart die Lehrjahre zur Friseuse waren.

Als der Krieg beginnt, ist die Lotte erst 12 Jahre alt. Für Vergnügungen bleibt wenig Zeit, auch für Kinder. Skifahren mit den älteren Brüdern bringt ein bisschen Abwechslung in den Alltag. Aber die Brüder sind mit sich selbst beschäftigt und lassen die Kleine allein auf der Piste stehen. Runtergekommen ist sie trotzdem. Auch so lernt man, stark zu werden fürs Leben.

Als sie 18 und Friseuse ist, hat es endlich ein Ende mit diesem vermaledeiten Krieg. Und bald darauf lernt sie den Jakob kennen. Er ist stolz auf sie – sie ist stolz auf ihn. Sie findet ihre Fröhlichkeit, ihr Lachen, das so ansteckend ist. „Mit der Lotte gibt's immer a Gaudi!" Auch davon hat sie erzählt, vor allem in den letzten Jahren, dass sie beide, Jakob und Lotte, so gerne Kinder gehabt hätten, aber dass es ihnen nicht vergönnt war. Zum Glück gibt es genügend Familie samt Kindern, also Nichten und Neffen, Großnichten, Großneffen …

Bei den Wanderungen, den Ausflügen sind die Lotte und der Jakob gern gesehen, ebenso bei den Familienfesten – Weihnachten, Ostern, Geburtstage. Und die Kinder lieben die „Tante Lotte". Erstens, weil sie immer die Spendierhosen anhat, und zweitens, weil sie herrlich albern sein kann. Gemeinsam mit der Leni, der Frau ihres Bruders Herbert, kugelt sie mit den Kleinen, wenn denen danach ist, auf dem Teppich herum. Mit der Eva und den anderen.
Außerdem hat die Tante Lotte etwas, was niemand sonst hat: eine rote Tasche. Die darf nach Herzenslust ausgeräumt und eingeräumt werden. So einfach kann es sein, Kinder zu unterhalten, wenn man eine rote Tasche besitzt. Ach, die Tante Lotte!

Einmal gibt's eine Sensation in der Großfamilie Golser zu vermelden: „Die Tante Lotte hat den Führerschein gemacht!" Das war in den frühen 70er-Jahren und Lotte Freier ist immerhin schon Mitte 40. Der Jakob und sie wohnen damals bereits in der Bocksbergerstraße in Herrnau. So richtig zugetraut hat man es der Tante eigentlich nicht oder nicht mehr. Nur ihr Mann, der Onkel Jakob, hat fest an sie geglaubt und sie mit seinen Tipps und seiner Erfahrung sehr unterstützt. So toll er als Fahrlehrer ist, so furchtbar ist er als Beifahrer. Da vergeht sogar der Tante Lotte ab und zu das Lachen.

Davon hat sie erzählt im Sportstüberl der Frau Emmy, draußen in Gneis, bei ihrer zweiten Familie, den Sonntagsfreunden. Die Lotte haben alle gern gehabt, und die Frau Emmy hat sie und andere Stammtischgäste manchmal sogar zu Weihnachten, wenn das Stüberl geschlossen hatte, zu sich nach Hause mitgenommen, einfach so.

Man hat ihr auch immer wieder angeboten, sie am Sonntag, nach dem Essen, dem Kaffeetscherl und den Zigaretterln, nach Hause zu chauffieren. Aber die Frau Lotte hat dankend abgelehnt und sich ein Taxi bestellt. Die Taxler haben schon gewusst: Jetzt geht's in die Herrnau. Und der Sonntag ist auch bald wieder vorüber.

Die Wohnung von der Tante und vom Onkel in der Bocksbergerstraße befindet sich im 4. Stock in einem Haus ohne Lift. Kein Problem. Stiegensteigen hält fit. Das geht sehr lange Zeit gut, auch nach dem Tod vom Jakob. Die Tante Lotte ist ja gerne unterwegs, sie mag es, unter Leuten zu sein. Und der Raschhofer ist ganz in der Nähe, wenn sie etwas essen gehen will, die Kaffeekonditorei Flöckner fürs Kaffeetscherl. Da geht man eben runter, da geht man wieder rauf. Mehrmals am Tag. Auch mit schweren Taschen nach dem Einkauf.

Die Frau Lotte ist beliebt auch bei den Nachbarn, das macht ihre freundliche, herzliche Art. Und dass sie immer ein Lächeln auf den Lippen hat. Einen kleinen Buben mag sie besonders gern; er hat dunkle Hautfarbe und sagt „Oma" zu ihr.

In den späten Jahren ihres Lebens muss sich Lotte Freier ihre Wege von der Wohnung ins Café, zum Einkauf und zurück genau einteilen. Damit sie möglichst nur einmal am Tag runtergehen und wieder raufsteigen muss.

Fröhlich, temperamentvoll war die Frau Lotte – impulsiv hat sie auch sein können. Und manchmal konnte sie sich richtig aufregen. Als ihr etwa von Amts wegen die Pflegestufe gekürzt worden ist. „Wenn Sie vom 4. Stock runter und wieder rauf gehen können, kann es nicht so schlimm sein mit dem Pflegeanspruch!"

So ähnlich haben die Prüfer befunden. Eine Frechheit natürlich. Das hat sie den Freunden vom Sportstüberl klarerweise sehr verärgert erzählt. Und die Stammtischrunde hat sich mitgeärgert. „Ein Pfifferl!" Zum Ärger runterspülen. Und ein Kaffeetscherl. Und eine Zigarette zum Beruhigen!

Zum Glück hat ihr der Neffe Kurt, den sie Herbert genannt hat, weil er der Sohn von ihrem Bruder Herbert gewesen ist, bei den Amtswegen, die sie immer nervös gemacht haben, so sehr geholfen. Gut, wenn man Familie hat, gut wenn es Freunde gibt, die mitfühlen und sich mitärgern können, und sei es auch nur an den Sonntagen, über so eine Frechheit wie die mit dem Pflegegeld.

Wie war das mit der Vorfreude und dem Koffer? Einmal, und das war ein absolutes Highlight im Leben von Paula Charlotte Freier, von der Tante Lotte, geht sie mit dem Bruder Herbert und der Leni auf Reisen. Sie fliegt mit ihnen auf die Kanarischen Inseln, nach Teneriffa, auf die Insel der Palmen und der Papageien. Vor lauter Freude, leichtem Reisefieber und wohl auch, weil sie von ihrem Jakob, dem Buchhalter, gelernt hat, dass eine perfekte Planung das Um und Auf für jegliches Gelingen ist, ist ihr Koffer bereits 14 Tage vor dem Abflug aufs Feinste gepackt. Von der Reise erzählt die Frau Lotte auch mit Begeisterung ihren Sonntagsfreunden in Gneis.
Mit der Familie hat sie früher gerne Karten gespielt. Oder gepokert, mit vollem Temperament. Oft in der Wohnung vom Herbert und seiner Leni in der Haunspergstraße. Im Stüberl hat sie die anderen karteln lassen und lieber getratscht und den einen oder anderen Witz erzählt. Vielleicht den: Bittet der Mann mit der hohen Stirn seinen Friseur: „Könnten Sie mir die Haare heute ein wenig locken?" – „Locken kann ich sie schon, aber nicht versprechen, dass sie auch kommen!" Nein, die Witze der Lotte waren besser!

Bis vor einem Jahr hat sie in ihrer Wohnung gelebt, auch wenn es allmählich mühsam für sie geworden ist. Als sie sich den Knöchel bricht, wird ihre Welt kleiner und enger. Und der bunte Alltag grauer. Jetzt ist sie eine Gefangene in ihrer Wohnung im 4. Stock. Dass sie nicht mehr „unter die Leut'" gehen kann, setzt ihr, der immer so umgänglichen, immer so unternehmungsfreudigen Dame, sehr zu. Sie verliert zusehends den Mut, die Lebensfreude. Die Tante Lotte wird, was sie nie gewesen ist, misstrauisch, grübelt und lacht nur mehr selten. Wer bitte könnte ihr das verdenken?!

50 Jahre lang war die kleine Wohnung in der Bocksbergerstraße ihre Heimat, mit dem Jakob gemeinsam, dann so viele Jahre allein. Und jetzt muss sie, es geht ja nicht anders, in das Seniorenwohnhaus an der Hellbrunnerstraße übersiedeln. Das ist nur einen Katzensprung von der Wohnung entfernt. Im August 2015 zieht Lotte Freier also ein in den schönen Neubau mit dem Blick ins Grüne.

Da gibt es eine Gemeinschaftsküche, in der man beim Kochen zuschauen kann … wie man in der Kuchl im Sportstüberl der Frau Emmy immer beim Panieren und beim Backen des Wiener Schnitzels zuschauen konnte.

Im Heim an der Hellbrunnerstraße hatte die Tante, liebenswürdig betreut, noch ein paar gute Monate; manchmal durchaus auch in geselliger Runde. Da hat sie mit ihrem Lachen noch den einen oder anderen Mitbewohner anstecken können. Und wenn Besuch gekommen ist, aus der Salzburger Familie oder vom

Neffen Reinhard und den Seinen aus Deutschland, war sie, die Tante Lotte, selig und für einige Stunden fast wieder die Alte. „Es geht mir gut", hat sie dann gesagt.

Schlank ist sie ja immer gewesen, aber dann haben die Kräfte sie mehr und mehr verlassen … diese dünnen Beinchen, wenn sie mit dem Rollator ein paar Schritte unterwegs war … dann im Rollstuhl …

Manchmal sind ihre Gedanken und ihre Erinnerungen durcheinandergeraten. Dann hat sie etwa gesagt: „Ich geh heut' noch heim in die Pflanzmannstraße." Das war das Zuhause in ihrer Kinderzeit.

Am 31. März, als Letzte der sechs Geschwister, hat Charlotte Freier diese Welt verlassen.

Ihr Lachen fehlt draußen in Gneis, im Kreis der Familie, im Heim an der Hellbrunnerstraße. Die Tante Lotte, die Frau Lotte fehlt.

Der Himmel über dem Zirkuszelt
(Georg Daxner, 1959–2014)

Hast du den Mond verschluckt, Ollie?

Ich? Warum soll ich den Mond verschluckt haben, Stan?

*Weil du immer irgendwas verschluckst. Gestern mein Früh-
stücksei, heute den Mond! Und morgen vielleicht …*

Ich? Den Mond? Den großen weißen Mond?

Er würde gut in dich hineinpassen, Ollie.

*Ich werd' dir einen Mond geben, Stan! Ich werde dir … ich
werde dich … bis du keinen Mond mehr siehst!*

Aber, ich seh' ja jetzt schon keinen Mond mehr, Ollie!

Ich auch nicht, Stan.

Weil du ihn …

Ich hab ihn NICHT verschluckt …

Wo ist er dann, Ollie?

Der Mond?

Der Mond; ohne Mond komm ich mir so … so…

verlassen vor, verloren vor, so … so … nackt?

Du auch?

*Gibt's das, Ollie, dass man jemanden so vermisst, als gäbe es ab
sofort keinen Mond mehr?*

Ach, Stan, Stan, Stan … ich glaube, das gibt es.

Kannst du den Mond wieder ausspucken, Ollie?

*Ich werde es versuchen, morgen … obwohl ich ihn gar nicht
verschluckt habe, Stan!*

Vielleicht haben wir ihn im Zirkuszelt vergessen, Ollie!

Das wäre unsere Rettung, Stan!

Im Zirkuszelt geht nichts verloren, nicht einmal der Mond!

Das Zirkuszelt ist unsere Rettung!
Wir gehen einfach ins Zirkuszelt. Und dort finden wir ihn, den
Mond!
Und dann bleibt er für immer, Ollie?
Im Zirkuszelt bleibt er für immer, für immer, Stan.

Stellt euch vor: Einer hat die Leiter an den Mond gelehnt ... das muss in der letzten Nacht der Erschaf-
fung des Universums gewesen sein, als es schon die
Gestirne und die Menschen gab.
Die Leiter an den Mond gelehnt? Ein, zwei Menschen
hätten es versucht, aber bald schon und für alle Zeit
verkündet: „Es hat keinen Sinn, es ist sinnlos, es ist so
ziemlich das Unsinnigste, das man sich ausdenken
kann! Eine Leiter und der Mond!?! Vergesst es."
Und alle haben es auf der Stelle vergessen und nie
wieder hingeschaut auf den Mond und die Leiter. Alle
... bis auf die Träumer, die Spinner, die Maler, die
Musiker, die Poeten, die Theatermenschen, die Zir-
kusleute, die Clowns. Sie stellen auch heute noch die
Leiter auf, stehen am Fuße der Leiter, wie damals, lächeln den Mond an. Und wissen, dass es nicht leicht
ist, aber sie glauben daran und versuchen es immer
wieder, immer wieder. Über die Leiter zum Mond?

Wie oft haben in diesem unglaublichen Zelt, in den
Zelten im Volksgarten, am Beginn des Salzburger
Winters, Menschen, Akrobaten, Träumer, Clowns
die Leiter bestiegen, haben mit den Leitern getän-
zelt, haben aus tollkühn schwankenden Leitern

Rampen für Flüge Richtung Himmel gemacht … sind durch die Lüfte geschwebt, geflogen, an Seilen, ohne Seile, über Seile hinweg. Haben nicht weniger als die Schwerkraft außer Kraft gesetzt und sind den Monden entgegengeklettert, auch wenn die manchmal aussahen wie Scheinwerferlichter oder von den schmalen Füßen auf dünnen Seilen liegenden wunderschönen Frauen hochgewirbelte japanische Seidenschirme.

„Das Lächeln am Fuße der Leiter", nach der Erzählung von Henry Miller: eines der ersten Programme beim Winterfest im Volksgarten 2002. Ein Programm, ein Leitmotiv für alles, für immer.

Georg Daxner hat für uns die Leiter an den Mond gelehnt. Und uns, die wir vielleicht ewig unten am Fuße der Leiter stehen, dieses Lächeln gelehrt. Das Lächeln, das Staunen, hat aus uns funktionierenden Alltagsmenschen Träumer, Spinner, Sehnsuchtswesen gemacht. Die Leiter an den Mond lehnen: sein Geschenk an uns alle. Für ein paar Stunden, für ein paar Abende, 13, nein 14 Jahre lang. Das Winterfest heuer ist in seinem Kopf, in seinem Herzen gewachsen. Oben: der Mond; unten: die Leiter – und dazwischen diese Sehnsucht.

Wenn man hinausgetänzelt ist aus dem Zirkuszelt im Volksgarten, in so einer Nacht, hat man im dichtesten Schneegestöber noch den Mond am Himmel gesehen. Gegen jede Vernunft. Das vermag die Magie der Gaukler, der Artisten, der Clowns, der Träumer.

Es waren einmal vier Brüder, die Daxner-Brüder: Michael, Thomas, Martin und Georg. Das war im Jahre Schnee oder in den 50er-Jahren; und er, der Georg, ist der Letztgeborene, der Jüngste, das Nestscheißerl. Die Daxners – vier Strizzis, vier Lausbuben, die sich in der Gegend rund um Baden austoben, denen kein Streich zu gefährlich ist, die eine Mutter, Annemarie, haben, die die besten und vielleicht auch die meisten Knödel der Welt herbeizaubert, aus dem Handgelenk. Und einen Vater, Rudi, der als Betriebschemiker arbeitet. Eine schöne Dienstwohnung in einer Villa in Baden bei Wien, mit viel Platz für Spiele und Streiche, mitten in der Natur.

Der Kleine, der Georg, ist ein richtiges Quecksilber, einer, der immer in Bewegung sein muss und der viel lächelt. Den ganzen Tag lang kann er lächeln. Auf den meisten Fotos, quer durch sein Leben, auf den Zeitungsfotos, die wir kennen, lächelt er. Die Daxners. Und die Tante Lore, die Schwester der Mutter, die in Ebensee eine Apotheke führt und eine ganz besondere Rolle in der Familie spielt. Außerdem fährt sie, die Tante Lore, einen Porsche, holt damit abwechselnd die Buben von der Schule ab (welch ein Staunen und Raunen jedes Mal!) oder nimmt den einen, dann den anderen mit auf eine Reise, irgendwohin.

„Du wärst der perfekte Clown", sagt sie einmal zum Georg, weil er gern im Mittelpunkt steht und immer ein Spaßettl bereit hat.

Die Brüder Daxner gehen ihrer Wege, Georg, der Jüngste, sicher den weitesten, manchmal Wege, die im

Kreis führen, einige Ausweichrouten, Umwege, aber immer unterwegs. Wie oft wird er in seinem Leben „on the road" sein, einer Zirkustruppe hinterher, nach Prag, Montreal und überall in Frankreich, wie oft hat er mit dem Auto die Erde umrundet? Wie viele Schritte hätten ihm noch gefehlt bis zum Mond?

Zahlreiche Reisen jedes Jahr, sehr, sehr oft in Begleitung der Evelyn, seiner zweiten Frau, von einem Zirkusfestival zum nächsten, von einer Companie zur anderen. Von dieser großen Liebe gepackt, die Leiter an den Mond zu stellen, die Menschen zum Lächeln und zum Staunen zu bringen. Anders als die Brüder, ein bisschen wilder, riskanter, ein bisschen schwarzes Schaf vielleicht – aber im Zirkus werden die schwarzen Schafe weiße Pferde genannt. Das ist der Punkt!

Viel hat er gemacht in seinem Leben! Nach der HTL bringt ihn der Zivildienst nach Salzburg. Hausmeister, Burgvogt auf Hohenwerfen, Wolle spinnen, das waren alles nur so kurze Episoden. Erst der Aufbau der ARGE, des Kulturzentrums, hat ihn länger beschäftigt, dann der Beginn des Studiums, daraus wird nichts, weil er Hotscha, seine geliebte Hündin, nicht auf die Uni mitnehmen kann ... die Kultur hat ihn immer fasziniert.

Später dann, als ihm die Tante Lore das Haus in Parsch vermacht, krempelt er, der Lebenskünstler Georg Daxner, wieder die Ärmel hoch und baut, was das Zeug hält. Und irgendwo im Haus müsste das Saxophon liegen, das er gerne zu spielen gelernt hätte.

Die Hotscha, die weiße Schäferhündin, hat ihm ein Obdachloser geschenkt. Das heißt: Der Georg hat die Hotscha vorm Tod gerettet, weil der Mann nicht wusste, wohin mit ihr, und sie ertränken wollte. Das sind die Geschichten, wenn sich der Mond nicht und nicht blicken lässt. Aber zum Glück ist der Georg zur Stelle!

Dieser Hund, die Hotscha, wird auch für Brigitte, seine erste Frau, und seine beiden Töchter Raffaela und Rosa sehr, sehr wichtig im Leben.

In der ARGE Nonntal ist Georg Daxner bald für die Kultur zuständig und lädt eine Theatertruppe nach Salzburg ein: *Federlos* aus der Schweiz. Jetzt lehnt die Leiter wirklich am Mond, jetzt kommt er nicht mehr weg aus dieser Welt, runter von diesem Traum. Er will auch nicht mehr weg davon, nicht mehr runter. Er möchte mitziehen, möchte zum fahrenden Volk gehören. Und eines Tages erreicht ihn aus der Schweiz der Anruf: „Also gut, bei der nächsten Tournee könnt ihr mitkommen!"

Mit Brigitte, Raffaela und Hotscha tourt Georg Daxner mit dem Zirkus *Federlos* durch die Schweiz. Er schwenkt die Scheinwerfer Richtung Zeltkuppel hoch und ist glücklich, glücklich!

Nach einem Jahr kehrt die kleine Familie nach Salzburg zurück, da ist auch schon das zweite Mädchen, Rosa, unterwegs. Für den Georg gibt es kein Zurück mehr; er hat sein „La Strada", seinen Zirkusweg gefunden! Er träumt von Tourneen um die Welt … bis nach Afrika … immer weiter, dem Mond nach.

Georg Daxner eröffnet seinen Zeltverleih unter dem Firmennamen „Art nach Lust", er wird ihn später umbenennen in „Daxners Zeltverleih", und beginnt Zirkuszelte zu vermieten. Weil ihn der Zirkus nicht mehr loslässt, weil er dem Zirkus verfallen ist, für immer.

„Sehr verehrtes Publikum, liebe Circusfreundinnen und Circusfreunde! Es ist mir ein Vergnügen, einen Circus anzukündigen, wie Sie noch keinen gesehen haben. ‚Art nach Lust' präsentiert ab 22. April 1998 ‚Que-Cir-Que', drei Menschen, ein Circus, ein Traum im Circuszelt im Volksgarten in Salzburg." –

Georg Daxners erste große, stolze Ankündigung, der noch Hunderte Ankündigungen folgen werden.

Der französischen Truppe war er, seit er sie beim Donaufestival in Krems zum ersten Mal gesehen hatte, wie im Fieber nachgereist – von einem Auftritt zum anderen, von einer Stadt in die nächste, bis er sie endlich nach Salzburg holen konnte. Auf eigenes finanzielles Risiko. Endlich der Cirque Nouveau, dieses Gesamtkunstwerk aus Akrobatik, Musik, Tanz, Poesie, Puppenspiel in seiner Stadt! An einem Ort, an dem früher das fahrende Volk, die Zigeuner, sagte man, Station machte und wieder vertrieben wurde – im Volksgarten. Das war für ihn ein wichtiger Ansatz und ist ein bleibendes Statement zum Umgang, auch in unserer Stadt, mit dem fahrenden Volk geblieben.

Zehn Besucher waren bei der ersten Vorstellung, aber im Mai muss schon dreimal verlängert werden.

Das Haus in Parsch ist immer wieder Begegnungsort und Treffpunkt für Familie, Freunde und auch die Künstlerinnen und Artisten, die hier in all den Jahren von Georg und Evelyn verpflegt, betreut und umhegt werden. Kekserl backen, Knöpfe annähen, Pläne schmieden, die Seele kraulen. Das Zusammenhelfen ist wichtig bei den Daxners, daheim, vor allem aber im Zelt.

Die vier Kinder von Georg und Evelyn sind seit Anbeginn des Winterfestes dabei, ob beim Zeltaufbau, in der Garderobe, beim liebevollen Gestalten der Zelte, aber auch beim Betreuen der Künstlerinnen und der zahlreichen Besucher. Evelyn begleitet Georg seit dem ersten Winterfest, unterstützt ihn bei der Verwirklichung seiner Träume und Visionen, wo immer sie kann. Auch in den harten Zeiten, den schlaflosen Nächten, den sorgenvollen Momenten, vor allem wenn es um die Finanzierung dieser großen Vision geht und noch bevor Georgs Traum aufging wie der Mond und er immer wieder stolz die Leiter anlehnen und am Fuße der Leiter lächeln konnte.

Der Volksgarten als Schauplatz ist geblieben und wird bleiben. Die Jahreszeit hat sich vom Frühling in die Vor- und Nachweihnachtswochen verschoben. „Ich war mir sicher", hat Georg Daxner einmal erzählt, „Zelte im Winter ... man geht in einen kalten, verschneiten Park, sieht dort ein Zirkuszelt, tritt ein, und drinnen ist es richtig warm – dieses Flair, das ist etwas ganz Besonderes!"

Evelyn und Georg haben sich in einer Klettergruppe kennengelernt, zur Zeit des ersten Winterfestes. Eine große Sympathie, eine behutsame Annäherung. „Gehen wir doch gemeinsam Schlittenfahren!", versucht er über seine Töchter und ihre Söhne den Kontakt enger zu knüpfen. Die Kinder brauchen gar nicht die sanften Anstöße durch den Georg. Sie verstehen einander auch so.

Evelyn wird die große Liebe seines Lebens; dass er sie schon nach wenigen Wochen den Eltern vorstellen möchte, ist für den Rastlosen, Ruhelosen neu. Es dauert nicht lange, bis alle sechs zusammenziehen in der Stegerstraße und 12 Jahre lang einen wunderbar bunten Familienzirkus gestalten und leben. Das Haus in der Stegerstraße ist auch jetzt noch und das ganze Jahr über immer voll, denn die Kinder bringen ihre Freunde mit. Open House!

Georg Daxner hat seine Liebe auf seine Patchwork-Familie gut verteilen können. In den Anfangsjahren gibt es noch viel Zeit miteinander, beim Schifahren, bei Familienfesten oder bei Familienurlauben – immer ist die Großfamilie beisammen, auch wenn das Winterfest viel Zeit in Anspruch nimmt! Der Kontakt zu jedem Einzelnen, ob zu seinen Töchtern oder den Stiefsöhnen, war Georg wichtig und kostbar.

Als die Evelyn und er für einen Monat nach Nepal reisen, feiern die Töchter und die Söhne, die Geschwister, einen Monat lang jeden Abend Party. Dann wieder wird gemeinsam gefeiert, Patchwork-Weihnachten. Reisen, einmal mit dem, einmal mit der aus seiner, sagen wir, „Kinderschar". Wie ja auch die Tante Lore damals mit ihrem Porsche einmal den einen, dann den anderen der Daxner-Brüder von der Schule abgeholt oder auf eine Reise mitgenommen hat.

In letzter Zeit wurde es Georg immer wichtiger, sich mit allen zu versöhnen, auszusprechen, sich bei Menschen zu melden, die er lange nicht mehr gesehen hatte. Seine Eltern rief er oft an oder besuchte sie und berichtete von seinen Ideen, die ihm wahrlich nie ausgingen.
Er liebte es im Garten zu arbeiten und sprach von einer Zeit, in der er und Evelyn dort mit den Enkeln spielen würden. Er träumte immer öfter von einem ruhigeren Lebensabschnitt.

… dass das Winterfest nach den Festspielen und dem Adventsingen die drittgrößte Kulturveranstaltung in Salzburg geworden ist, wäre zu berichten …
… dass sich das Winterfest zum größten Festival für zeitgenössischen Zirkus im deutschsprachigen Raum entwickelt hat …
… dass im Jubiläumsjahr 2010 die Tiger Lillies mit ihrem Programm im Zelt im Volksgarten 36 ausverkaufte Vorstellungen hatten, während in Wien nicht einmal die sechs angesetzten Aufführungen wirklich gut besucht waren …
… dass sich im letzten Jahr 30.000 Menschen in den Zelten im Volksgarten verzaubern ließen …
… dass vor Kurzem erst, ihm, Georg Daxner, der „Kulturpreis der Stadt Salzburg" zugesprochen wor-

den ist, dafür, dass er so vieles ermöglicht, dass er seine Liebe zum Zirkus mit dieser Stadt geteilt hat, und dass er sehr glücklich war …

… dass die Freunde des neuen Zirkus aus halb Europa angereist sind …

… dass er, Georg Daxner, die erfolgreichsten internationalen Compagnien nach Salzburg gelockt und Salzburger Künstlern eine wunderbare Plattform für ihre Künste und ihre Visionen geboten hat …

Erzählen, weitererzählen, erzählt euch gegenseitig eure Geschichten über den Winterfest-Direktor, über den Menschen Georg Daxner!

Das Zauberhafteste, Wunderbarste für mich ist diese Geschichte, die nicht in einem der Zelte, im Scheinwerferkegel gezeigt wird. Es ist die Familiengeschichte Daxner. Die Patchwork-Familiengeschichte. Die Töchter, seine und Brigittes Töchter Raffaela und Rosa, wie sie sich sofort und so unkompliziert mit den Söhnen der Evelyn, Florian und Moritz, anfreunden – Brüder, Schwestern, Geschwister.

Wie viele Familiengeschichten werden im Cirque nouveau erzählt, bizarr, aberwitzig, poetisch, in schwindelerregender Höhe, kopfüber, von der Trompete oder der großen Trommel, von einem Flötchen oder der Tuba begleitet! Immer wieder Selbsterlebtes, das ganz gewöhnliche Scheitern, die unerreichbare Liebe, der ganz normale Alltag, ins atemberaubend Circensische verschoben.

Wie schwierig ist das manchmal auf festem Boden, daheim, in den vier Wänden. Die Daxners sind eine verschworene Truppe. Lachen mit ihrem lachenden, liebenswerten Prinzipal und halten seine Verzweiflungen gemeinsam aus.

Und dann raus ins Zelt! Sein Lächeln, sein Stolz, sein Moment: „Sehr verehrtes Publikum, liebe Circusfreundinnen und Circusfreunde! Es ist mir ein Vergnügen, einen Circus anzukündigen, wie Sie noch keinen gesehen haben!"

„Hallo, Herr Daxner, es war einfach wunderschön!" – „Herr Daxner, tausend Dank für diesen magischen Abend!" – „Sie haben uns ein großes Geschenk gemacht, Herr Daxner!"

Wenn er Sätze wie diese gehört hat, bei einem Nachmittagsspaziergang mit der Evelyn zum Beispiel, hat ihn das stolz gemacht.

„Bitte, machen Sie so weiter! Es ist die Nahrung für unsere Seele, Herr Daxner!" – „Wir wären um so vieles ärmer, unsere Stadt wäre um so vieles kälter, ohne Ihre Träume, Herr Daxner! Schön, dass es Sie für uns auf diesem Planeten, in unserer Stadt gegeben hat!"

Charlie Chaplin: „Ich gehe gern durch den Regen, damit mich niemand weinen sehen kann." Das Wichtigste, das er, der große Charlie Chaplin, jemals gesagt hat: „Jeder Tag, an dem du nicht lächelst, ist ein verlorener Tag."

Kannst du den Mond wieder ausspucken, Ollie?

Ich werde es versuchen, morgen … obwohl ich ihn gar nicht ver-
schluckt habe, Stan!

Vielleicht haben wir ihn im Zirkuszelt vergessen, Ollie!

Das wäre unsere Rettung, Stan!

Im Zirkuszelt geht nichts verloren, nicht einmal der Mond!

Das Zirkuszelt ist unsere Rettung!

Wir gehen einfach ins Zirkuszelt. Und dort finden wir ihn, den
Mond!

Und dann bleibt er, für immer, Ollie?

Im Zirkuszelt bleibt er für immer, für immer.

Pflanzenflüsterer und Strudelkönig
(Rupert Neureiter, 1956–2016)

Der Frank, dein Freund, könnte jetzt stundenlang erzählen von der Besonderheit des Sebastian-Friedhofs, dieses Campo Santo, über seine spirituellen Gesetze, seine Symbolik, seine kosmische Symmetrie, die mystischen Dimensionen, die messianische Präsenz.
Du, Rupert, würdest sagen: „Schöne Baam gibt's da! Aber da müsst ma' dringend was mach'n!" Dass deine Asche nahe den Gräbern der Familie Mozart in die Erde gesenkt worden ist, könnten Kulturhistoriker erwähnen – bei den Mozartschen also, Vater und Witwe, und unweit des Grabmals für Philippus Theophrastus Paracelsus, den „berühmten Doktor der Medizin, welcher auch die schrecklichsten Wunden, Lepra, Podagra, Wassersucht und andere unheilbar scheinende Krankheiten durch seine wunderbare Kunst heilte".

Du warst nie krank, Rupert. Ärzte haben an dir zeitlebens nichts verdient. Du warst ein Naturbursch', mit solchen kraftvollen Händen! Das hat man bei jeder Begrüßung, bei jedem „Pfiati" gespürt. Bei jedem Umtopfen und Bäumeausreißen. Stark, ausdauernd, ja: unbesiegbar. Von nichts und niemandem besiegbar. Rustikal, mit gebührendem Stolz rustikal. Du hast dich nicht verbiegen müssen, du bist du geblieben, auch wenn dich deine Wege in die Welt geführt haben, nach London, Paris, nach Sri Lanka, Buenos Aires …

Einer mit einer rauen Schale und einem sanften Herzen warst du. Zum Frank hast du manchmal gesagt: „So lang reden, wann a Schaß net geht!" Aber wie zart du die Rosenblätter, die Gartenpflänzchen berührt hast, das hat den Frank berührt. Daran hat er dich, den wunderbaren Menschen, hat er deine Seele erkannt. In St. Koloman geboren, auf dem Friedhof St. Sebastian der Erde anvertraut. Natur – Stein. „In Salzburg wird die Natur zu Stein und der Stein zu Geist", hat Alexander von Humboldt, der Naturforscher, der Weltreisende geschrieben.

Dein Name, Rupert Neureiter, ist jetzt hier an diesem magischen, zauberhaften Ort eingraviert. Es tut gut, aus der schwirrenden, flatternden Gasse abzubiegen, hier herein in den alten, ewigen Zauber. Wer den Friedhof St. Sebastian, den stillsten und friedlichsten der Stadt Salzburg, abschreitet, wird deinen Namen lesen … neben den Namen der vor langer Zeit hier bestatteten Hochwohlgeborenen, der Freiherrn, der „gewesten Bürgermeister", der „Wohlthäter" und herrschaftlichen Beamtensgattinnen, all der adeligen Von-und-Zu's, neben den Namen der bürgerlichen Cafétiers, der städtischen Leihhaus-Schätzmeister, der Bierbräuer, ehrbaren Jungfern und „Landesgerichtsräthen" aus vergangenen Jahrhunderten.

Das wär ein Personal fürs Theaterspielen, Rupert! Ehrwürdiges Bauerntheater mitten in der Stadt.

Du hast gerne und du hast gut gespielt beim Bauerntheater St. Koloman. Bis zum Bürgermeister und zum Pfarrer hast du es gebracht, spielenderweise, auf der Wirtshausbühne. Zu deiner Gaudi, zum Gaudium des Publikums.

In deinen frühen Theaterzeiten bist du oft der jugendliche Liebhaber gewesen, fesch wie du warst, ein echtes Mannsbild. Einmal hast du gesagt, und das warst einfach du: „Wamma am Theater als jugendlicher Liebhaber immer mit seiner eigenen Cousine schmusen muss, da muss ma' ja schwul werd'n!" Was nicht gegen die liebe Cousine gerichtet war.

Ich glaube, du hast auch abseits der Bühne manchmal Theater gespielt … wenn ihr Gäste empfangen habt, wenn du Menschen auf ihre Naturkenntnisse geprüft hast, schelmisch und ehrlich zugleich. Du bist auch immer gut angekommen mit deinem schauspielerischen Talent, mit deinem Bauernwitz. Der Rupert aus St. Koloman. Aber als dich der Frank einmal nach Argentinien mitgenommen hat, hast du auch Tango getanzt, nach einigem Zögern, und dann so richtig Rupert-mäßig, kraftvoll und gradheraus. Unter aller Beifall.

Die Welt hast du gesehen, dein Dorf hast du gemocht. Hast dich wohlgefühlt dort. Naturbursche, Naturtalent. Die Natur war deine wichtigste Spielstätte, deine Kirche, dein Tempel, dein Kraftort. Manchmal bist du um fünf Uhr früh in deinen Garten gegangen und bist, ohne gerastet, ohne etwas gegessen zu haben, um vier am Nachmittag wieder ins Haus zurückgekommen. Hast den ganzen Tag über gezupft, geschnipselt, gegossen, deine Blumen gestreichelt.

Wahrscheinlich hast du auch geredet mit ihnen, in deiner Mundart? Auf Latein? Du hast ja zu jedem Pflänzchen die lateinischen Bezeichnungen gewusst. Rosa excelsa, Rosa rugosa, lonicera pileata, orchidacea dendrobium.

Wenn dich etwas interessiert hat, hast du rasend schnell alles Lernbare gelernt. Du hast dich gefreut, wenn die Rehe an den Zaun gekommen sind, und warst ihnen auch nicht böse, wenn sie an der einen oder anderen Knospe deiner geliebten Rosen geknabbert haben. Hundert Vogelhäuschen im Garten, dass nur ja kein Spatz, keine Meise, kein Rotkehlchen Hunger leiden müsste. Da hast du sogar den vielen Mist, den die gemacht haben, in Kauf genommen. Warst du mit dem Franz von Assisi verwandt? Über drei Ecken vielleicht?

Für den Frank ist das Malen Meditation, für dich, Rupert, war das deine Gärtnerei. Eigentlich seid ihr ja wie Tag und Nacht gewesen, Stadt und Land, Sonne und Mond. Bauerntheater und Salzburger Festspiele. Du hast in beiden Welten leben dürfen und können. Du hast dich mit Eliette von Karajan quer durch die Baumschule Mayer unterhalten. „Hallo, Eliette!" – „Rupert, Sie müssen unbedingt zu mir kommen!" Keine Scheu, keine Berührungsängste.

Ihr habt voneinander gelernt, der Frank und du. Er, der große Paris-Kenner, hat dich in die Pariser Operà mitgenommen. Und du, Rupert, ihn, bei deinem allerersten Paris-Besuch, zu einer Pelargonien-Ausstellung. Er hat dich zur Musik, zu den Bildern geführt, du ihn zu den Blumen und zur Natur.

In der Stadt, Rupert, hat dich dein Orientierungssinn oft im Stich gelassen, in der Großstadt, in der Weltstadt erst recht. Da bist du fast jedes Mal genau in die verkehrte Richtung gegangen. Wenn nicht der Frank an deiner Seite gewesen wäre. Du hast meistens auf den Frank gewartet.

Wenn du doch ganz allein unterwegs warst, auf einem Flohmarkt in Budapest etwa, hast du dich an den Bäumen und an den Blumenkistchen an irgendwelchen Häusern orientiert … nach den blassblauen Hortensien (hydrangea macrophylla) links abbiegen …

Begonnen hat alles mit dir am 1. Oktober 1956 in St. Koloman. Du warst eine Hausgeburt, wie 200 Jahre vor dir der Mozart. Er in der Getreidegasse, du in St. Koloman.

Im kleinen Häusel am Hügel, der später euer Hügel, der Neureiter-Hügel werden sollte. Auf dem heute alle Geschwister ihre Häuser besitzen: Hans, Sepp, Wetti, Herbert. Und deines, Rupert, ganz oben, wo die Rehe aus dem Wald an den Gartenzaun kommen und, mit deiner stillen Genehmigung, an der Götterspeise „Rosenblätter" naschen dürfen. Die Eltern waren weiß Gott fleißige Leute, die Mutter Barbara, der Vater Josef. Schritt für Schritt haben sie darauf hingearbeitet, euch allen diese Heimat zu übergeben.

Deine Kindheit muss schön gewesen sein. Mitten in der Natur, auch wenn der Schulweg nach Kuchl beschwerlich war. Aber dafür seid ihr, bist du an der frischen Luft, auf dem Hügel aufgewachsen, ein Paradies auf Erden, von Sonne und Mond bewacht. Weihnachten war nicht so angenehm, weil ihr Kinder eure Zimmer hergeben musstet für die Wintergäste, „die Deitsch'n!" Das hast du den nördlichen Nachbarn kaum verziehen.

Der Balkon an euerm Elternhaus war immer mit den schönsten Blumenkistchen bestückt. Das war das Werk der Mutter. Dafür seid ihr oft prämiiert worden: die schönsten Balkonblumen von ganz St. Koloman. Das hast du, Rupert, von der Mutter übernommen, bewusst, unbewusst. Gärtner war dein Berufswunsch. Oder Konditor. Und bist bei einer Bank in St. Koloman gelandet, wärst dort fast Filialleiter geworden.

Dann warst du 15 Jahre lang „die Seele" im Sportzentrum Rif, als Rezeptionist, als Organisator und auch als Gärtner. Du hast die ganze Anlage begrünt, hast deine Pflanzen in den Glashäusern betreut, hast gut verdient dabei. Mit dem Frank gemeinsam hast du den Empfangsbereich umgebaut. Da hat der Frank zu dir gesagt: „Mach doch einen Beruf draus!"

Du hast längere Zeit gebraucht zum Nachdenken, wie du auch bei den Reisen längere Nachdenkfristen brauchtest, ob du jetzt mitkommst oder nicht, längere Überlegungen auch auf Franks Anregung, aber dann hast du seinen Rat befolgt und beim „Lederleitner" angefangen. Hast alles dazugelernt, was du noch gebraucht hast, zu deinem großen Wissen über Blumen und Gärten, über die schönen Dinge der Natur. Im „Rosenhaus", mit guter Klientel.

Der Pflanzenflüsterer, der Pflanzenpfleger, der Lieblingsgärtner so vieler Kunden, zehn Jahre lang beim Blumen Mayer in Liefering. Alle Blumen-, Pflanzen-, Sträucherfreunde haben dich geliebt. „Was soll ich mit den Rosen machen, Herr Rupert?" – „Wo bleibt unser Lieblingsgärtner?" Du hast ja nicht einfach Pflanzen verkauft, du hast sie behütet und begleitet, wie man ein Kind behütet und begleitet.

Manchmal hast du einen zum Verzweifeln gebracht, wenn du mit radikaler Zärtlichkeit einen Forsythien-Strauch oder eine Rosenhecke zusammengestutzt hast, dass einem die Tränen kamen. Und erst ein paar Monate später hat man entdeckt, dass jetzt alles noch viel schöner wächst und blüht. Nach deinem Wissen, nach deinem Gespür.

Und jetzt bist du bei den Hochwohlgeborenen, den Mozarts, den Kupferdruckers-Töchtern, den Rittern, Grafen, den k&k-Offiziers-Witwen und dem k&k-Bezirksarmenarzt aus alten Tagen gelandet.

Du bist übrigens der Siebente aus der Jetztzeit. Der Friedhof darf ja, nach langem Märchenschlaf, erst wieder seit eineinhalb Jahren belegt werden. Der Siebente. Über die Zahl Sieben im kosmischen Gefüge wird dir der Frank, bei seinen künftigen Besuchen hier bei dir, erzählen. Als Siebenter mit der Grabnummer

56. Dein Geburtsjahr, Rupert. Wie auch das Geburtsjahr Mozarts – 1756; deines 1956.

Du, Rupert, und der Frank. Ihr wärt fast aneinander
vorbeigegangen, damals, vor 35 Jahren, in der Imbergstraße. Aber ein paar Schritte nach dem flüchti-
gen ersten Blickkontakt seid ihr beide stehen geblieben, wie von einem Zauber berührt, habt euch nach
einander umgedreht. Und es war wie ein Déjà-vu,
eine Wiederbegegnung.
Habt ihr euch erkannt? Aus einer anderen Welt? Aus
einem früheren Leben? Ihr habt euch verabredet, für
einen späteren Zeitpunkt, weil der Frank zum Flugzeug nach Paris musste. Ihr habt die Verabredung ein-
gehalten. Und dann seid ihr beisammengeblieben, für
so lange, schöne Zeit. Ihr habt gelernt, dem Partner
den eigenen Rhythmus zuzugestehen, ihr seid – Sonne und Mond, Land und Stadt, Kunst und Natur –
miteinander glücklich geworden.
Du hast begonnen, Franks Malerei zu schätzen, auch
wenn du vielleicht nicht jede symbolhafte Aussage
verstanden hast. Du bist stolz auf ihn gewesen, bei jeder Ausstellungseröffnung, ob im Schloss Korb in
Südtirol oder im Europaparlament in Brüssel. Du,
Rupert, warst dem Frank auch das beste Modell, ob
nackt oder mit bunten Papageien auf den Schultern
und im Arm. Eure Blumenwelten, die in der Natur,
die auf den Leinwänden!
Wenn ihr von einer gemeinsamen Reise zurückgeflo-
gen seid, hast du, Rupert, meistens einen riesigen

Übertopf auf dem Schoß gehalten. Hast nicht einmal das Klapptischchen für die Flugmahlzeiten öffnen können. Du warst ein leidenschaftlicher Sammler und Experte für Übertöpfe aus ganz Europa, hast gewusst, wie und warum sich die französische Pflanzenkultur von der italienischen unterscheidet; hast ein zielscharfes Auge für Keramik gehabt, barocke Töpfe, Augarten, Meißen, tschechische Töpfe, Töpfe aus Holland oder Belgien. Oder für Teller aus den Kolonialländern. Wie ihr das alles nach Hause gebracht habt ohne Scherben, ohne Verluste, ist ein Rätsel.

Der Frank und du, der Buddhist und der Bauernphilosoph, der Innenarchitekt und der Gärtner. Ihr habt gemeinsam euer Haus geplant, gebaut. Was für ein Haus! Welch ein Garten! Kunst und Natur, Hand in Hand.

Der Strudelkönig. Dein Marillen- oder dein Mohnstrudel waren Kunst für den Gaumen! Gast bei euch zu sein, war ein Geschenk. Ihr seid euch gegenseitig ein Geschenk gewesen, der Frank und du. „Ich bin dem Rupert von Herzen dankbar für 35 Jahre gemeinsames, konstruktives Leben ohne Streit!", sagt der Frank.

Du warst unbesiegbar, Rupert, und dann, aus heiterem Himmel, war diese Krankheit da, gegen die nicht einmal Paracelsus eine Chance gehabt hätte. Das Abschiednehmen war schwer, aber du warst geduldig. Den Tod, wenn er dich leibhaftig geholt hätte, wie der Boandlkramer vom Bauerntheater den Brandner

Kaspar, hättest du angeschnauzt: „So lang reden, wann a Schaß net geht!" Du hast auch ab und zu einer Bekannten oder Verwandten mitten ins Gesicht gesagt: „Mei, bist du alt word'n!" Ohne Genierer. In der Welt draußen hat sich niemand mit dir genieren müssen.

Warte da drüben, Rupert, in diesem anderen Garten, warte auf den Frank, der dich an der Hand nehmen wird, später einmal. Wir brauchen ihn noch lange hier.
Warte und lerne die Namen der Bäume, der Pflanzen, der Blumen, die wir noch nicht kennen, lerne die Bezeichnungen in allen Sprachen, auch in der Sprache der Engel. Eure Seelen, Rupert, werden sich erkennen, im Licht, im grenzenlosen Licht.

„Ach Gott, diese Ziele immer!"
(Christian Amstler, 1960–2019)

Der bengalische Philosoph und Dichter Rabindranath Tagore, Literaturnobelpreisträger von 1913, hat geschrieben:

Friede mein Herz, laß die Zeit für das Scheiden süß sein,
laß es nicht einen Tod sein, sondern Vollendung.
Laß Liebe in Erinn'rung schmelzen
und Schmerz in Lieder.
Laß die letzte Berührung deiner Hände
sanft sein wie die Blume der Nacht.
Steh still, steh still, oh wundervolles Ende,
für einen Augenblick
und sage deine letzten Worte in Schweigen.
Ich neige mich vor dir,
ich halte meine Lampe in die Höhe,
um dir auf deinem Weg zu leuchten.

Sterben, musst du wissen,
ist das Auslöschen der Lampe im Morgenlicht,
nicht das Auslöschen der Sonne.
Der Sturm der Nacht hat den Morgen
mit goldenem Frieden bekränzt.

Der Sturm der Nacht hat den Morgen mit goldenem Frieden bekränzt. Wie friedvoll und schön ist doch dieser Raum, in dem wir uns zur Abschiedsfeier für den Christian, Christian Amstler, zusammengefunden haben. In das Gelb eurer Blumen getaucht, mit Sonne geflutet.

Ohne Sonne war das Leben schwerer für ihn, ohne Wärme. Seine Sehnsucht nach dem ersten warmen Sonnenstrahl, nach dem Sommer!

Wenn es einen Himmel gibt, und es wird einen Himmel geben, wo auch immer sich der befinden mag, dann kann das nur ein Sonnenhimmel sein, ewiger Sommer. Ganz ohne Kälte, ohne Frost. Ein winterloser Himmel. Und zwischen den Wolkentürmen und -türmchen bläst kein Wind hindurch. Und niemand, schon gar nicht der Christian, muss es an zugigen Orten aushalten!

Auf dieser Erde, in diesem Leben, ihr wisst das, war es manchmal gar nicht so leicht, für ihn einen Platz zu finden, ein Lokal, einen Raum, in dem es nicht gezogen hat. „Da zieht's!" Und dann habt ihr, wenn ihr mit ihm unterwegs gewesen seid, einen anderen Tisch, eine andere Stube oder Nische gesucht, ganz ohne Zug.

Endlich zieht es nicht mehr. Kältefreier, windgeschützter Himmel. Keine Hauben, keine Kapuzen, keine Rollkragenpullover, keine Schals. Himmlisch. Sommer, Sonne, Wärme.

„Lass dein Leben schön sein wie eine Sommerblume", auch das hat Tagore geschrieben, „und deinen Tod leuchtend wie Herbstlaub."

Der Tod: leuchtend? Der Tod ist viel zu früh gekommen, hat ihm, Christian Amstler, keine echte Chance gelassen; aber das Abschiednehmen war vom Herbstlaub beleuchtet, war letztendlich sanft und von tiefem Frieden gezeichnet.

Sie haben mir erzählt, Helga, wie behutsam die Pfleger, Schwestern, Ärzte auf der Palliativstation im Landeskrankenhaus den Christian betreut haben. Wie behutsam die Freundinnen und Freunde euch beide durch diese Abschiedstage und -nächte geführt, getragen haben. Ganz am Schluss hat die wunderbare Ärztin Dr. Faber Klavier gespielt, einfach so, für Christian und Helga, beruhigende, berührende Melodien von *My Way* bis *Guten Abend, gut' Nacht*. Ein bewegender Abschied mit Musik, Sommerblume und Herbstlaub hinter den Tränen.

„Du, wir schaffen das", hat der Christian zu Ihnen gesagt, an einem der letzten Tage in seinem Leben. Ihr habt es gemeinsam geschafft. Und wie es war, so war es gut.

Der Christian – wie der so war? Man braucht nur das große Foto auf dem sehr schönen Abschieds- und Erinnerungsbillet anzuschauen. Da sitzt einer mit Sommerhut auf dem Kopf, in Jeans und T-Shirt, auf einer Bank in einem der Gärten der Alhambra, der weltbekannten Stadtburg im spanischen Granada. Letztes Jahr ist das gewesen, als Christian und Helga mit dem Auto durch Spanien gefahren sind. Sabbatical-Zeit für sich, für einander. Wunderschön war es – aber kälter als erwartet! Und jetzt sitzt er, der 1,93 Meter große Mann, völlig entspannt bei den edel angelegten Hecken, zwischen Myrten- und Rosenbeet, das Weinblattwerk im Rücken. Ruhe, Frieden, Zufriedenheit.

In sich ruhend. Ein Bild, das ihn gut beschreibt. Wozu durch die Welt hetzen, Dinge anhäufen, die man nicht braucht. Schätze horten, Terminen nachrennen. Lieber darüber nachdenken, was wirklich zählt im Leben. Man muss nicht so viel arbeiten, man kann auch einmal zurückschrauben. Was wichtig ist, muss sich ausgehen. Geld? Man braucht nicht so viel Geld. Und: „A so a kloan's Krediterl geht immer!" Einer seiner berühmten Sprüche.

„Am reichsten sind die Menschen, die auf das meiste verzichten können", schreibt Rabindranath Tagore.

Sich nicht drängen lassen. Und niemanden drängen. Seinen Klienten bei den Einrichtungen der Lebenshilfe, ob in Wals oder in Seekirchen, die ja stets auch Freunde gewesen sind, hat Christian Amstler immer und für alles Zeit gegeben, sie einfach tun lassen. „Ach Gott, diese Ziele immer! Sie leben ihr Leben, wie sie sind!" Mitgefühl, Interesse, Wertschätzung den Menschen gegenüber, vor allem denen, die Unterstützung brauchen. Nicht zuletzt seiner Mutter, die er beim Älterwerden und auf ihrem allmählichen geistigen Rückzug aus dieser Welt sehr liebevoll begleitete. Wann immer es möglich war, hat er sie im Altenpflegeheim in Enns besucht, in dem er, lang ist es her, seinen Zivildienst geleistet hat.

In sich ruhend. Nur keine überflüssige Hektik. Beim Radfahren zum Beispiel. „Soll'n die andern saus'n!"

Der Christian legt sich irgendwann einmal ein Liegerad zu, weil es gemütlich ist und weil einem beim Fahren damit die Knochen und Muskeln nicht weh tun. Liegeradfahren, von Hallwang nach Seekirchen oder sonst wo hin. Wenn da nicht der Wind wäre! Da helfen nur Rollkragenpullover und Kapuzenanorak, auch an den wärmeren Tagen.

Und wenn die anderen eine blöde Bemerkung machen? Völlig wurscht, was andere denken, der Christian macht, was er machen will. Außerdem macht kaum einer blöde Bemerkungen. Im Gegenteil, man bringt dem fantasievollen Zeitgenossen Christian Amstler Respekt entgegen. Vom Liegeradfahren lässt sich auch seine Helga überzeugen; er bevorzugt eines mit zwei, Helga eines mit drei Rädern.

Ein hübsches Bild, wenn die beiden durch den Flachgau radeln. Was die anderen sagen? Respekt, Respekt! Manches findet in Hallwang und Umgebung sogar Nachahmer. Christian, der Trendsetter.

Barfuß gehen. Herrlich − von Hallwang nach Seekirchen oder sonst wo hin. Da spürt man den Boden, die Erde, das Gras! Da erdet sich einer wie der Christian. Übrigens: Ein bekennender Barfußgeher ist ja auch der Literaturnobelpreisträger Peter Handke. In seinen Aufzeichnungen *Gestern unterwegs* heißt es einmal: „Der erste Barfußtag heute, im Park beim Bahnhof von Limoges.“

Sie haben mir erzählt, Helga, als Sie dem Christian aus der Zeitung vorlesen wollten, an einem seiner sehr späten Tage im Krankenhaus, und Sie gefragt haben:

Politik, Sport, Kultur? … hat er bei einer Schlagzeile über den Nobelpreisträger Handke genickt. Das hat ihn interessiert, ganz am Schluss.

Wenn schon nicht barfuß gehen, dann wenigstens Barfußschuhe tragen. Bei denen die Sohle so weich und dünn ist, als würde man barfuß gehen. Geschützt vor der Kälte und doch verbunden mit dem Erdboden. Der Christian war immer für eine Überraschung gut, ohne sich groß in Szene setzen zu müssen.

Für eine Überraschung gut ist er schon früh in seinem Leben. Am Kühlschrank in der Wohnung in Hallwang klebt eine Zeichnung aus Christians Religionsheft von der 2. Klasse Volksschule. Dazu hat der Dreikäsehoch damals geschrieben: „Jesus, du bist so herrlich! Auch ich werde einmal fast so herrlich sein wie du!"

Der Christian! Geboren am 27. November 1960 in Linz. Der Vater, Hermann Amstler, ist Direktionsassistent bei der Oberösterreichischen Gebietskrankenkasse, die Mutter Brigitta Hausfrau. Der Bruder Hannes ist acht Jahre älter als Christian. Unbeschwerte Kindheit und Jugend in Enns. Bergwanderungen, Skifahren, gemeinsame Urlaube. Alles harmonisch und spannend.

Obstklauben, die einzige „Kinderarbeit", die so gar nicht nach seinem Geschmack ist. Zwetschken vor allem. Sein Leben lang wird der Christian Zwetschken hassen. Friedl und Toni, Tante und Onkel, und die Cousinen Eva und Elisabeth sind wichtige, liebe Menschen damals und quer durchs Leben.

Volks-, Hauptschule in Enns – dann aufs Gymnasium in Linz. Mit der allmählich aufkeimenden Erkenntnis: „Das ist nicht meins!" Logische Konsequenz: erst einmal ausgedehntes Schuleschwänzen, schließlich Umstieg vom Gym ins Bankwesen. 1982 schließt Christian Amstler die Lehre zum Bankkaufmann ab. Der Christian ein Banker?

Auch nicht wirklich. Eine der Weisheiten, die er aus dieser Zeit mit ins Leben nimmt: „A so a kloan's Krediterl geht immer!"

Dann also was Soziales, was Wichtiges. Christian Amstler absolviert die Fachschule für Sozialberufe/ Behindertenarbeit in Gallneukirchen, das „Golli", mit dem Diplom 1985. Jetzt arbeitet er, immer schon wertschätzend, geduldig, kollegial, bei der Lebenshilfe Oberösterreich, im Wohnhaus der Lebenshilfe Wals, als selbstständiger Sozialpädagoge in den Kindergärten Seekirchen, Eugendorf, Salzburg-Forellenweg oder für den Verein zur Förderung körper- und mehrfach behinderter Kinder und Jugendlicher in der Anna-Berta-Königsegg-Schule in Salzburg.

Und schließlich, gut und gern 15 Jahre lang, bei der Lebenshilfe Wohnhaus in Seekirchen. In zwei Wohn-Einrichtungen hat Christian Amstler zuletzt ein Pärchen und fünf „Monna" betreut. „Mit denen geh' i in Pension!", hat er gesagt, geträumt, gehofft. Ein paar seiner „Monna" haben ihm, als er schon so schwer krank war, Briefe geschrieben. Das hat ihn sehr berührt und bewegt.

Lasst uns über die Liebe reden. Die Liebe hat ihre eigenen Gesetze. Die Liebe kommt, unerwartet; manchmal geht sie auch wieder und eine neue Liebe taucht auf am Horizont. Wenn man Glück hat, eine Liebe, die bleibt … bis ganz zuletzt.

Da ist diese Liebe, die in Christian Amstlers erste Ehe mündet. Die Liebe von Christian und Gabi. Schöne Zeiten, schwerere Zeiten. Es ist, was es ist, sagt die Liebe. Auch Gabi ist sozial sehr engagiert, auch sie voll und ganz bei der Lebenshilfe in Wals im Einsatz.

Die Liebe kommt, die Liebe geht, die Ehe wird geschieden. Einige Zeit nach der Trennung das tragische Ende von Gabis Lebensgeschichte. Bei einem Verkehrsunfall verliert sie ihr Leben.

Es ist nichts als Schmerz, sagt die Angst; es ist unmöglich, sagt die Erfahrung. Es ist, was es ist, sagt die Liebe. Auch Helga Kronister arbeitet bei der Lebenshilfe Wals. Christian im Wohnhaus, sie in den Werkstätten. Sie schätzen einander als Kollegen – und dann kommt dieser Sommerurlaub mit den Klienten in Feldkirchen in Kärnten. Sommer: Christians Lieblingszeit.

Aus der gegenseitigen Wertschätzung wird Liebe. Am 7. September 1996 heiraten Christian Amstler und Helga Kronister und schließlich kaufen sie ihr gemeinsames Haus in Hallwang. Natürlich gibt's Auf und Abs, es ist, was es ist, sagt die Liebe immer wieder, beruhigend klar. Und der Christian hatte weiß Gott auch seine „grantigen Zeiten", vor allem in der düsteren Jahreszeit, die er so gar nicht mochte.

Und selbstverständlich gab's auch hin und wieder ordentlich Zoff wegen Kleinigkeiten, beim Umsetzen ganz gewöhnlicher, praktischer Dinge wie: einen Kasten zusammenbauen. Aber das andere war hundertmal wichtiger: aufeinander achten, Verlässlichkeit, Respekt. Dass er Sie oft „runtergeholt" hat, von verqueren Überlegungen, aus stressigen Situationen, haben Sie mir erzählt, Helga. Dass er mit seinen beruhigenden Argumenten so manches relativieren konnte. Der Christian hat zu Ihnen einmal gesagt: „Des hat mir net g'schad't, dass ma' wer die Wadl viere g'richt' hat!" Nicht irgendwer. Sie, Helga. Ihr seid füreinander das Beste gewesen.

Christians Gespür für das, was wichtig ist. Work-Life-Balance. Die richtige Ausgewogenheit zwischen Arbeiten und Leben. Geld? Grad so viel, wie man braucht. Und dann noch „Oiko-Kredite" verteilen, also Kleinstkredite, um Menschen, denen es nicht so gut geht, ein bisschen auf die Sprünge zu helfen. Dass die Reichen in dieser Welt immer reicher und die Armen immer ärmer werden, hat ihm absolut nicht gepasst.
Punkto Kleider: Sind immer wieder neue Kleider wichtig? Nein! Sein G'wand soll man z'sammtrag'n, wenn's nicht grad hin ist. Nicht das Erreichen irgendwelcher Ziele ist wichtig, das Beschreiten der Wege ist es, ob in Schuhen oder barfuß.
Als Klienten mit Down-Syndrom unbedingt den Führerschein machen wollen, sagt Christian Amstler, der väterliche Freund und Pädagoge, nicht: „Das geht net.

Das könnt's ihr nicht schaffen!" Er sagt: „Okay, gemma in die Fahrschule! Schaut's euch das an." Die Klienten schauen sich das an und verzichten freiwillig auf die Führerschein-Ambitionen. Dafür taugt ihnen Gokart-Fahren ab sofort sehr.

Die kleineren und größeren Reisen mit seinen Schützlingen mag der Christian. Reisen durch Österreich, nach Italien, nach Griechenland.

Oder Langlaufen im Lungau. Manchmal lässt er die Klienten Kataloge durchblättern und fragt dann: „Wo tät's euch g'fall'n?" Bei einer besonderen Reise, dem Flug des Floorhockeyteams zu den Special Olympics in Japan, ist Christian Amstler als Organisator und Trainer mit dabei.

Was er neben der Sonne, dem Sommer und der Helga besonders gemocht hat? Bergwandern in Südtirol, im Gasteiner Tal, im Lungau. Die jährlichen Bergwochen mit Magda, Huberta und Helga. Christian, der Hahn im Korb. „Meine Dame und Damen", hat er da kavaliersmäßig gesagt ... und manchmal auch ihre Rucksäcke getragen.

Gekocht hat er gern – am liebsten Paella und Muscheln für die Freunde; keine exotische Speise hat er ausgelassen. Auf den Reisen durch Asien, Südamerika oder sonst wo hin, hat er wirklich alles durchgekostet. Manchmal auch auf die Gefahr hin, von seiner Helga nicht mehr geküsst zu werden.

Klavier hat er gespielt, Klassisches, Jazz, Blues. Und in den letzten Jahren, einfach so für sich, mit der Christine an der Altflöte und der Magda an der Querflöte im Trio. Das Musikmachen, noch mehr das Musikhören war ein ganz wichtiger Teil seines Lebens, immer auf der Suche nach neuer, spannender Musik, Overcross, Independent-Music; die vielen gemeinsamen Konzertbesuche mit der Helga und mit Freunden im Jazzit, in der ARGE, im Rockhaus.

Noch einmal Rabindranath Tagore: „Narren hasten, Kluge warten – Weise gehen in den Garten", hat der Philosoph und Dichter geschrieben. Christian Amstler war gern im Garten, hat nach seinen Kräften darin gewerkelt. Und wenn die Helga diesen Kräften und Christians Können einmal misstraute, hat er einfach gesagt: „Da frag ich dann halt den Hans." Seinen Freund Hans, für den er alle Platten seiner riesigen Plattensammlung digitalisiert und auf Stick überspielt hat.

Mit jedem Bierchen ist Christian Amstler, der gut auch mit sich allein zurechtkommen und durchaus ein ruhiger Zuhörer sein konnte, redseliger, diskussionsfreudiger geworden. Da hat sich dann oft gezeigt, wie viel er wusste, womit er sich beschäftigte.
Baška auf der Insel Krk war ein Herzensort von Christian und Helga. Jedes Jahr, bald im Frühling oder spät im Herbst, sind die beiden nach Baška gereist, zum Wandern, zum Ruhigwerden, zum Atemholen, zum Leben. Die Fahrt nach St. Veit ins Krankenhaus, zum Aufbauen heuer, war wie die Anreise zu einem letzten, bewegenden Honeymoon.

Christian Amstler, der die Stille gemocht hat. Manchmal war ihm sogar der Wellenschlag des Meeres zu laut, sodass er sich die Ohren zuhalten musste, an einem Strand auf Menorca zum Beispiel. Einmal war ihm selbst in der südlichsten Gegend des europäischen Festlandes, im andalusischen Tarifa im Spätfrühling so kalt, dass er sich die Anorakkapuze tief in die Stirn gezogen hat.

Die verdammte Kälte, der Wind, der ungeliebte Winter. Wenn schon Winter, dann in einem behaglichen Wintergarten am Haus in Hallwang. Oder ein langer Urlaub auf Hawaii. Beide Träume, Wintergarten und Hawaii, sind sich in diesem Leben für ihn nicht ausgegangen.

Vielleicht ist dieser Himmel, von dem wir nichts wissen und der Christian schon alles weiß, ein ewiges Hawaii. Und vielleicht hat er dort den Engeln schon die ungeschriebenen Regeln der Work-Life-Balance beigebracht oder wie man barfuß über die Milchstraße schreitet. Damit auch die da oben wissen, worauf es wirklich ankommt im irdischen oder im ewigen Leben. Von Christian Amstler konnte man, kann man so viel lernen!

„Du, wir schaffen das!" Christians leise, starke Worte. Gemeinsam mit den Freunden habt ihr es geschafft. Und der Sturm der Nacht hat den Morgen mit goldenem Frieden bekränzt.

Markus, Liebling der Menschen
(Markus Klement, 1958–2016)

Was für ein Mensch muss man sein, um so ein schweres Leben so lebensfroh zu meistern, um diese ungezählten Krankheiten, ohne je zu klagen, zu ertragen? Zu lächeln, wenn andere schreien, den Daumen hochzustrecken, wenn andere verzweifeln würden? Die Ärzte, die Krankenschwestern in den Spitälern bei jeder Behandlung, jeder Kontrolluntersuchung, gleich nach dem herzlichen „Griaß di'", zu fragen: „Wie geht's denn dir?!" Weil ihm, auch wenn er der Patient, auch wenn er der sogenannte Beeinträchtigte, der (wie man meint) „arme Kerl" ist, die Menschen wichtig sind. Alle. „Wie geht's dir, Doktor?"
Ein besonderer Mensch muss man sein, einer wie Markus Klement. Nein, nicht arm, reich an Gefühlen, Herzensbildung, reich an Liebe.

Er fehlt im Ortsbild von Elixhausen, im Stadtbild von Salzburg. Der Markus mit der gelben Postlerjacke auf dem Weg vom Gemeindeamt zur Postservicestelle in der Metzgerei, der Markus mit dem Notenkoffer in den Bussen, nach Taxham zur Chorprobe, jeden Montag. Der Markus am Mozartsteg, über den er immer die Amtspost der Landesregierung getragen hat; pflichtbewusst und zufrieden, ja, stolz … der Markus, nach dem man seine Uhr richten konnte.

Jeden Abend wird er fehlen … der Mensch, der verlässlich und pünktlich das Tor zur Kirche zugesperrt hat, der sich die Zeit für die Wegstrecken zu den Zielorten genauestens eingeteilt hat. Und als er schließlich zusehends langsamer wurde, von der Krankheit in seinem freudigen Ehrgeiz gebremst, ist er früh genug aufgebrochen, um trotz der Verschnaufpausen rechtzeitig an Ort und Stelle zu sein.

Jeder von Ihnen, jeder von euch, hat diese Bilder im Kopf: Der bedächtig gehende, lächelnde, immer freundlich grüßende Mann, der sein Leben lang von den Krankheiten geprüft worden ist und nie aufgegeben hat. Daumen in die Höhe, nach schwersten Operationen.

1993, nach der großen Herz-OP, die ihm das Leben gerettet hat, lautete die allererste Frage, die er seinem großen Bruder Arno mittels Buchstabentafel (der Markus war ja noch intubiert) stellte: „Werd' i' wieder singen können?"

Er kann wieder singen. Singen ist seine große Leidenschaft, seine Kraftquelle, sein Lebenselixier. Der wunderbare Sänger Markus Klement fehlt, der manchmal in drei Chören gleichzeitig gesungen hat – am liebsten und mit ganzem Herzen bei „seinem" Belcanto Chor, bei dessen Gründung 1989 er schon dabei gewesen ist – und der vor ein paar Wochen noch so zuversichtlich war, an einem Probenabend einfach wieder einmal in Taxham sein zu können, seinen Freunden wenigstens zuzuhören bei Mozart oder Haydn, einem Gospelsong oder einem Volkslied.

Beim *Kufsteinlied*, das er auf jeder Chorreise im Bus solo angestimmt hat (er hat im Bus auch immer die Spenden für den Fahrer eingesammelt), oder beim *I hab di' gern*, das er so oft gesungen hat, auch bei den Hochzeiten von Freunden, von Familienmitgliedern zum Beispiel. *I hab di' gern*, das er sich manchmal im Radio-Wunschkonzert selbst per Telefon bestellt hat. Und die Moderatorin oder der Moderator sagte dann, und gern sogar: „… jetzt spielen wir für ‚unseren‘ Markus in Elixhausen *I hab di' gern*!“

58 Jahre, das ist doch kein Alter zum Sterben, könnte man sagen. Muss man sagen. Als der Markus ein Baby ist, geben die Ärzte ihm eine Lebenserwartung von 10, höchstens 15 Jahren. Aber da hat keiner von ihnen mit der Lebenslust und der Lebenskraft von diesem kleinen Kerl gerechnet.

Das Licht der Welt erblickt der Markus am 25. Februar 1958 in Salzburg, als viertes Kind von Sigrid und Alexander Klement. Arno heißt der Älteste, dann kommt die Doris, der Michael – und jetzt also der Markus; mit einer Herzinsuffizienz geboren, embryonal bereits belastet, und, wie man so sagt: auch geistig ein wenig hinter den Gleichaltrigen nachfolgend. Anders eben. Anders ist anders. Anders ist: besonders. Ein besonderer Mensch.

Wenn sich Kinder vor der Geburt wirklich ihre Eltern aussuchen, dann hat der Markus sich die besten Eltern der Welt ausgesucht. Überhaupt die beste Familie. Vater Klement, Vizeleutnant beim Bundesheer, ist – wegen dem Markus – maßgeblich daran beteiligt, dass in Salzburg unter der Federführung von Hannes Schmidt die Lebenshilfe gegründet wird, die segensreichste Einrichtung für Menschen mit körperlichen, geistigen oder mehrfachen „Behinderungen". Mutter Klement war an einer Klinik in Innsbruck als Sekretärin tätig und hat dann, als die Familie mit den drei Erstgeborenen nach Salzburg übersiedelte, bei der Stadträtin Martha Weiser halbtags gearbeitet, einer Persönlichkeit, deren Lebensziel es gewesen ist, Frauen, armen Menschen, Notleidenden, Bedürftigen in jeder Lebenslage zu helfen. Dieses große soziale Engagement der Familie Klement, das sich auch auf die Kinder übertragen hat. Auf die Doris ganz besonders.

Und dann sind diese Klements auch noch musikalisch. Es wird daheim im Walserfeld, wo sie wohnen, gesungen, nicht nur zu Weihnachten, und musiziert, auf Flöten, Gitarren. Der große Bruder gründet eine erfolgreiche Pop-Band, die heute noch manchmal aufspielt: „Les Marquis". Der Markus hat gerne in späteren Jahren die Auftritte vom Bruder und seinen Kollegen besucht.

Viel Musik jedenfalls daheim, so wird wohl seine Liebe zum Singen erwacht sein. Und als ihn die Mutter zum Kirchenchor St. Georg in die Militärkirche mitnimmt, springt der Funke endgültig über. Aus dem Walserfelder Kirchenchor geht 1989 der längst hochgeschätzte, großartige Belcanto Chor hervor.

Ein besonderes Kind; im Kindergarten der Liebling der Tanten. Dann die Lernjahre in der sogenannten Sonderschule, also in der Besonderenschule. Markus Klement fährt allein mit dem Bus nach Aiglhof und freut sich auf seine Lehrerin. Germana Edl heißt sie und bereitet den Buben mit großem Gespür und sehr viel Liebe aufs Leben vor, sodass er schließlich an der Andräschule den regulären Schulabschluss meistern kann.

Rechnen, Lesen, Schreiben – alles hat er gelernt. Dass ihn Mitschüler manchmal hänseln, Erwachsene mitleidig anlächeln oder sogenannte Fußballfans im Stadion ihn verspotten, das steckt der Markus einfach weg, da steht er drüber. Er ist anders, er ist besonders. Das merken und schätzen auch seine Arbeitskollegen in der Abteilung 2, der Abteilung für Schul- und Bildungswesen der Salzburger Landesregierung, wo Markus Klement seinen beruflichen Weg als Amtsbote beginnt, nach dem Ablegen einer Dienstprüfung als Beamter.

Er liebt seine Arbeit, er ist sich seiner Verantwortung bewusst, wichtige Post von einem Amt ins andere zu bringen, von der Schulabteilung am Mozartplatz zur Erwachsenenbildung im Corso an der Imbergstraße. Wenn er über den Mozartsteg geht, grüßt ihn der *Apropos*-Verkäufer; und Markus Klement grüßt freundlich zurück. Sie freunden sich an und der Markus lädt den Mann mit der Straßenzeitung manchmal auch auf einen Kaffee ein; ja er leiht ihm, der die bitteren Seiten des Lebens kennengelernt hat, sogar Geld.

Der Markus weiß, wem er vertrauen kann, und kriegt sein Geld stets pünktlich zurück. Herzensgüte wird mit Herzensgüte belohnt. Viele Menschen kennen und grüßen den freundlichen Amtsboten, der immer einen kleinen Sonnenschein ins Leben bringt. Der Landeshauptmann grüßt ihn, Doraja Eberle schätzt ihn sehr, die Politiker, die höchsten Beamten. Die Salzburger freuen sich, wenn sie ihm begegnen. Vor seinen Chefs hat Markus Klement Respekt, Hofrat Berghammer hat er geliebt, genauso dessen Nachfolgerin als Leiterin der Schulabteilung, Mag. Veichtlbauer.

Ein bisschen grantig wird er höchstens, wenn er vom Urlaub zurück ins Büro kommt und die Rückstände, die ihm Kollegen hinterlassen haben, aufarbeiten muss. Oder wenn er seinen exakten Zeitplan nicht einhalten kann, Punkt 12 Uhr in der Kantine in der Kaigasse mit dem Essen zu beginnen etwa, weil ihn ein Chef ausgerechnet zu dieser Zeit in die Getreidegasse zum Jausenholen schickt.

Da braucht der selbstbewusste, immer so positive Markus manchmal ein tröstendes Wort von Kollegen oder eine Umarmung von der Familie. Wird schon wieder gut. Daumen nach oben! Das Beten, er war ja tiefgläubig (das *Rupertusblatt* Pflichtlektüre!), daheim in seiner Wohnung hat auch geholfen. Dabei durfte man ihn ja nicht stören!

Bei den Betriebsausflügen der Abteilung 2 ist er von Herzen gerne dabei. Und dass „sein" Chor bei den

Feiern und Festen der Gewerkschaft Öffentlicher Dienst singen darf, macht ihn stolz. Als Markus Klement, nach 35 Jahren als Beamter, als Amtsbote in den Ruhestand tritt, fällt ihm das weiß Gott schwer. Erleichtert wird ihm der Abschied durch die Geschenke seiner Kolleginnen und Kollegen. Darunter ein Stempelträger mit seinen Handstempeln, mit denen er die eingegangene Amtspost markiert hat. „Max – zur Pension".

Max haben sie ihn in den letzten Jahren genannt. „Max 1" steht auf der Rückseite des Red-Bull-Trikots, das er auch bekommen hat, mit den Unterschriften aller Red-Bull-Kicker, die damals, 2012, gespielt haben – von Ulmer bis Soriano.

Fußball, Markus' zweite große Leidenschaft neben dem Singen. Seine eigene sportliche Karriere ist ja früh zu Ende gegangen. Der erste und letzte Versuch auf Skiern zu stehen, endet mit einem Sturz in Großgmain und einem Gipsverband. Fußball also, als wahrer, treuer Fan. Zuerst für den HSV, den Heeressportverein, dann für die Austria Salzburg, schließlich für Red Bull. Auf den Plätzen, im Stadion, später vor dem Fernseher.

Daheim zieht er sein Trikot an (er hat auch eines vom FC Chelsea), legt den entsprechenden Schal um und ist eine Matchlänge lang einfach nur Fan. Und schreit Bravo, wenn seine Mannschaft ein Tor erzielt hat. So laut, dass seine Geschwister es aus dem Fenster, über die Terrasse herüber hören können. „Markus, wie steht's?"

Was Fußball, Formel 1, Skirennen, Sport überhaupt betrifft, ist der Markus ein wandelndes Lexikon. Schwimmen mag er auch selbst sehr. In den Salzburger Seen, früher im Gardasee. Im Pool seines großen Bruders ist er der stoische Schwimmer, der so langsam seine Runden dreht, dass ein anderer dabei untergehen würde. Dafür kommt er nie ins Schwitzen. Schwitzen lockt die Bremsen an.

Wenn die Bremsen wieder einmal das Gesicht des Bruders schier auffressen, gibt ihm der Markus, erhobenen Hauptes und völlig bremsenfrei, den Tipp: „Arno, du musst einfach ruhiger schwimmen!"

Und immer wieder das Singen, sein Belcanto Chor. Seine wunderschöne Tenorstimme, seine Hilfsbereitschaft, beim Sortieren des Notenmaterials zum Beispiel, auf ihn konnte man sich hundertprozentig verlassen!

Ob die legendären Stiegenhauskonzerte in der Residenz, die Advent- und Weihnachtsauftritte vor dem Dom, in der Festungskapelle, in der Andräkirche, am Christkindlmarkt in Hellbrunn oder in der St.-Gabriel-Kirche in Prag, die Messen und Konzerte in Maria Plain, Taxham, im Kloster Seeon, in Nürnberg, Reims, in der Schweiz, in Italien – Markus Klement war mit großer Begeisterung dabei. Wenn etwas besonders gut gelungen ist, bei einer Aufführung oder bei einer Probe, dann konnte es schon sein, dass da vor Freude die eine oder andere Träne floss.

Für eine Überraschung oder eine Sorge war der Markus auch manchmal gut. Nach einem Auftritt in Prag geht er auf dem Weg zum Gasthaus in einem Park verloren, mitten in der Nacht. Bis ihn die Freunde finden und, versteht sich, sehr erleichtert sind. In Triest, letztes Jahr, ist es auch so. Das Chorkonzert am Abend war toll und am nächsten Tag steht noch eine Stadtbesichtung auf dem Programm. Das ist für den Markus schon zu anstrengend. Er wartet lieber in einem Café am Hafen auf seine Chorfreunde.

Als sie ihn abholen wollen (sie müssen ja möglichst rasch mit dem Bus wieder heim nach Salzburg fahren), ist er nicht aufzufinden. Die ganze Mannschaft, etwa 20 Sängerinnen und Sänger, sucht ihn eine Stunde lang. Als sie ihn endlich entdecken (er ist am Hafen spazieren gegangen und hat die Orientierung verloren), sagt der Markus grinsend: „Da seid's ja!" Nein, böse konnte man ihm nie sein!

Und jetzt wird er vermisst im Stadtbild von Salzburg, im Ortsbild von Elixhausen … der liebe Mensch, der sich in der Dunkelheit, mit strahlenden Reflektoren auf den Jackenärmeln und einer Stirnlampe ausgestattet, hell erleuchtet, auf den Weg zum Kirchentor macht, um es pflichtbewusst zuzusperren.

Die Kinder vermissen ihn, die Neffen und Nichten, die Großneffen und Großnichten, weil er so herzensoffen auf sie zugehen konnte, sie so angestrahlt hat, und die Kinder ihn, den Onkel Markus.

Die Elixhausener, die von der Metzgerei, die er gern auf einen Kaffee eingeladen hat, die Kameraden, die Senioren, die Gemeindemitarbeiter (wie gern hat er das „Gemeindecafé" jeden Donnerstag besucht!), die Ärzte, die Schwestern und die beiden Engel der letzten Wochen, Tatjana und Helena, mit denen er noch die Köstlichkeit „Heiße Liebe" (Eis mit warmen Himbeeren) entdecken durfte, die ihn zum Billa geführt haben, wo sich Markus die eifrig gesammelten Fußball-EM-Panini-Pickerl besorgen konnte. Seine Chorfreunde, die sich so sehr um ihn gekümmert haben und so stolz auf ihn waren. Viele werden ihn vermissen!

Allen, die ihm Unterstützung, Hilfestellung, Zuwendung und Verständnis entgegengebracht haben, ist aus tiefem Herzen zu danken.
Der Familie, den Geschwistern vor allem, die ihm, dem Bruderherz, dieses, sein Leben ermöglicht haben, die dafür gesorgt haben, dass ihr Markus immer im Familienverband bleiben konnte, die ihre Wohnadressen nach seinen Bedürfnissen gewählt haben. Die mit großer Freude miterlebt haben, wie er in Elixhausen mit dem dörflichen Leben mitwuchs und aufblühte. Der Markus, der trotz der vielen Beeinträchtigungen im Alltag so selbstständig war; der sich das Frühstück, das Abendbrot hergerichtet, selbst die Wäsche gewaschen hat. Und das Stiegenhaus im Hausverband in der Gaisbergstraße Nr. 3 hat er auch gekehrt, jeden Samstag, sogar mit Fieber. Schade, dass

seine Zeit in dieser vorbildlich barrierefrei errichteten Wohnanlage durch die Krankheit so kurz befristet war.

Der selbstständige Markus, der zu den Behandlungen und Kontrollen ganz allein in die „Nuklear" nach Innsbruck gefahren ist. Der damals, nach der schweren Darmoperation, für seine Ärzte, die Krankenschwestern und die Patienten bei der Spitals-Weihnachtsfeier solo gesungen hat und gleich von seinem Primar für einen Auftritt in der Höttinger Kirche in Innsbruck engagiert worden ist … der liebenswerte Patient, der gern gesehene Gast. Liebling der Menschen.

Vom Balkon seiner Wohnung, neben der der großen Schwester, hat er bis fast zuletzt in die Welt hinausgeschaut – auf den Billa-Parkplatz, hat fröhlich, glücklich hinuntergegrüßt oder jemanden zum Kaffee eingeladen, einfach so. Ein Büro-Türschild haben die Freunde vom Amt der Landesregierung ihm zum Abschied mitgegeben. Darauf steht: „Unikum der Abteilung 2". Ein Unikum, so heißt es in den Lexika, ist etwas Einzigartiges, etwas Besonderes. Markus Klement war einer von den ganz Besonderen.

„Ich bin der Peter Marzipan!"
(Peter Ewaldt, 1952–2017)

Peter, ich soll dich grüßen vom Ogi, Ogi Georgiev, deinem Straßenzeitung-Verkäufer und Freund vom SPAR im Nonntal. Er hat einmal ein Interview mit dir gemacht, fürs *Apropos*, und hat dir Fragen gestellt, die keinem Kulturjournalisten einfallen würden.

„Dirigierst du nur mit den Händen? Oder gibst du deinen Musikern auch andere Zeichen?"

Hast du nicht, Peter, jetzt, zu deinen letzten Atemzügen auf dieser Welt mit kleinen Gesten und mit deinem Lächeln dirigiert? Wem? Und wie hat das geklungen?

„Gehst du manchmal auf Flohmärkte?", hat der Ogi dich gefragt. Und du hast geantwortet: „Nein, ich geh lieber ins Stadion. Früher zu Austria Salzburg und jetzt zu Red Bull."

Du hast noch gewusst, dass der Rudi Krammer der beste Tormann war, den die Austria jemals hatte. Noch besser als Sükrü, der ja der erste bekennende Moslem bei den Salzburgern gewesen ist. Sükrü, der manchmal, wir haben herzlich drüber lachen müssen, Schweinsbraten gegessen hat, und der, wenn ihn der Praschak oder der Kibler darauf aufmerksam machten, dass er das ja gar nicht dürfe, immer nur gesagt hat: „Ich nix wissen. Ich nix wissen!"

Du hast Mozart über alles geliebt und hast den Günther Praschak verehrt, den Kodat, den Krankl, den

Soriano. Du warst so wunderbar außergewöhnlich und so wunderbar normal, Peter.

Noch eine Frage vom Ogi, Ogi Georgiev aus Bulgarien, deinem Freund von der Straßenzeitung: „Woraus ziehst du das große Glück? Aus der Musik, den Frauen, gutem Essen, einem Hobby, deinem Auto, Sport oder Religion?"

Und du, Peter, Erster Kapellmeister am Salzburger Landestheater: „Ich beziehe mein Glück aus vielen Dingen. Das ist ganz einfach erklärt − ich fahre zum Beispiel einen Subaru − ich mag aber auch andere Automarken. Ich liebe natürlich meine Frau − aber ich mag ganz allgemein die Frauen …" (im Zeitungsbericht würde stehen: *lacht*) „… genauso ist es mit der Musik und der Kunst."

Der Ober Wolfgang vom Café Bazar lässt grüßen. Er konnte nicht kommen, du weißt ja: Mozartwoche! Als ich ihm, einen halben Tag nachdem du diese Welt verlassen hast, davon erzählte, hat er nach einem tiefen Seufzer (du kennst ja, Peter, seinen liebenswerten Charme) gefragt: „Und wer kauft mir jetzt den Cappuccino und das Croissant ab?" Ich hab's auf der Stelle getan, ehrlich, aber verzeih mir: Ich steig wieder auf den kleinen Espresso ohne irgendwas um.

Du warst ein begnadeter Mehlspeisen-Bäcker. Die Marianne hat manche Torte, manchen Kuchen von dir verziert. Nicht einfach verziert, veredelt! Mit Labyrinthen aus gefärbtem Zucker. Labyrinth-Torten für

Körper und Seele. Das Labyrinth, Mariannes großes Wissen um die Gesetze und um die Geheimnisse, die Energie, die Balance, die Heilung, die Ruhe … das Labyrinth hat euch verbunden, inspiriert, auf euern Wegen begleitet. Kreis um Kreis, Gang um Gang näher zueinander, zu euch selbst und weit darüber hinaus in den kosmischen Fluss.

Das Labyrinth als Schutz- und Kraftformel auf deinem Sarg, dem von deiner liebsten Marianne geschaffenen „Reisekoffer", für viel, viel später gedacht; für den Abschied, heute, aus der Welt der Materie.

Ach, Peter! „Ich bin der Peter Marzipan!", hast du gerufen, als kleiner Bub. Und dann hast du Süßigkeiten bekommen, von deiner Familie, vom Onkel Conny aus Köln zum Beispiel, der bei jedem Salzburg-Besuch ein ganzes Füllhorn von feinen Gaben mitgebracht und vor deinen großen Augen ausgeleert hat. Und von den Nachbarn und im Lebensmittelgeschäft am Alten Markt, das du so geliebt hast. Und vom Zuckerl-Holzermayr; von überall etwas. Der Peter Marzipan, der süße Kleine mit den langen Beinen.

Die Erika, deine Mutter, Erika von Zedlitz, hat so herrliche Kekse gebacken; von ihren Vanillekipferln hast du oft geschwärmt. Als sie gestorben ist, 16 Jahre ist das schon wieder her, hast du, Peter, befunden, dass es einfach nicht geht ohne Vanillekipferl und hast es selbst probiert, nach dem Rezeptbuch deiner Mutter. Es ist dir auf Anhieb geglückt; es ist immer geglückt. Kurz vor Weihnachten, vor ein paar Wochen erst, nach den Chemos, nach den aufbauenden Gesprächen mit Dr. Irmi Singh vom Tageshospiz, hast du daheim Vanillekipferl gebacken, die besten, die letzten. Heute, aber das weißt du, hätte die Erika, deine Mama, ihren 101. Geburtstag!

Ich bin der Peter Marzipan. Geboren am 6. April 1952 in St. Anton am Arlberg. Deine Mutter und dein Vater haben sich dort kennengelernt; Otto, dein Bruder, war ja schon ein Schulbub damals. Otto, der dich zu einem Eisenbahn-Fan gemacht, dir Lokomotiven, Waggons, Weichen für die Modellanlage geschenkt hat. Und am Schluss DVDs über alles, was mit dem Eisenbahnwesen zu tun hat, die Züge, die Fahrten, die letzte Reise … Der Bruder Otto, der bei dir war, ganz am Schluss. Ihr habt euch in die Augen schauen und euch gegenseitig euer Lächeln schenken können.
Dass du einmal die Gleisanlage durch alle Zimmer in euerm Haus in Morzg aufbauen könntest, darüber hast du mit der Marianne gealbert. Und dass dann das Frühstücksei neben der Kaffeetasse per Güter-Waggon andampfen wird. Deine Fröhlichkeit, dein Lachen, immer, in allem.
Dein Vater, der Leo, hat leidenschaftlich und sehr gut Klavier gespielt. Er wäre gerne Pianist geworden, er hat viele Musiker, Komponisten gekannt, hat nicht zuletzt als Lektor für einen Musikverlag in Wien gearbeitet. Sieben Sprachen hat er gesprochen. Herbert von Karajan hat ihn geschätzt und gemocht. Eine Zeit lang hat der Maestro auch dich, Peter, unter seine Fit-

tiche genommen. So konntest du bei vielen Proben dabei sein, assistieren, lernen. Wie du auch als Assistent von Giorgio Strehler und Jean-Pierre Ponnelle viel gelernt hast.

Der Vater hat dich zur Musik geführt, ihr habt oft vierhändig Klavier gespielt. Die Mutter aber hat dich mitgenommen in die Berge. Wie viele Berge hast du in deinem Leben erwandert, bestiegen?! Mit dem Onkel Conny, mit dem Brugger Sepp, dem Postler, diesem Bergfex, der alle Gipfel kennt, der dir so viel erklären und erzählen konnte.
Mit Peter Blaikner, dem Kabarettisten und Schriftsteller schließlich, mit dem du im vergangenen August auf dem Großvenediger gestanden bist. Du hast in die Weite geschaut, über die Höhen, die Täler hinweg und hast dich bedankt für so viel Schönheit und Größe der Natur. „Dann wurde er eins mit der Schöpfung", hat der Blaikner geschrieben; und: „Wie oft haben wir uns auf einem Berggipfel umarmt!"

Am Arlberg geboren, aber bald schon bist du mit dem Vater und der Mutter in Salzburg angekommen, in der Mozartstadt!
Mozart war dein Gott. An Mozarts Geburtstag seid ihr, der Blaikner Peter und du, immer den Kapuzinerberg hinaufgestapft und habt deinem Musik-Gott eine Rose zum Denkmal gelegt. Letzten Freitag musste der Peter, dein Freund, alleine gehen, sehr schweren Herzens.

Ach, dein Mozart, Landsmann, Lebensbegleiter. Einmal haben wir, ein paar Leute vom Theater (das war in der Mirdita-Zeit), in einem Büroraum, weiß der Himmel warum, das mit dem Tischerl-Rücken ausprobiert, einfach so. Wir haben das kleine hölzerne Dreieck mit zwei Stäbchen und einem gespitzten Bleistift dran über die leeren Rückseiten von nicht mehr benötigten Theaterplakaten kreisen lassen, sechs oder acht Hände, Finger an Finger, auf dem Tischchen platziert.

Jeder hat sich einen Gesprächspartner aus dem Jenseits herbeigerufen. Bei dir war es Mozart. Mit ihm wolltest du auf diese, uns allen eher unheimliche Art, kommunizieren. „Mozart, ich bitte dich zu uns!" Dann hat das Tischchen Fahrt aufgenommen; wir hatten Mühe, das Ding festzuhalten! Und immer schneller, in aberwitzig rasenden Kreisen. Die Spuren haben sich knirschend, fett und dunkel auf dem weißen Papier festgerieben. Bis du, Peter, gesagt hast: „Ich glaub, das ist nicht Mozart – das ist der Jochen Rindt!" Und wir, befreit lachend, das Experiment beendet und nie mehr wieder aufgenommen haben.

Inmitten der Altstadt bist du aufgewachsen, Peter Marzipan, im Herzen Salzburgs, zwischen dem Mozartkugel-Fürst und dem Café Tomaselli, 200 Meter vom Mozartplatz entfernt, 300 Meter von deinem Gymnasium am Universitätsplatz, in dem auch Georg Trakl und Herbert von Karajan gelernt haben. Deine Wohnadresse: Alter Markt Nr. 7, 4. Stock. Da bist du liebend gern am Fenster gestanden und hast runtergeschaut auf die Welt. Auf die Salzburger, auf die Festspielbesucher im Tomaselli-Garten, auf die Musikkapellen, die hier konzertiert haben, die Straßenmusikanten, die Autos … damals, in den 50er-, 60er-Jahren, haben ja noch Autos hier parken dürfen.

Später sind wir zwei manchmal im Tomaselli-Garten gesessen und haben hinaufgeschaut zu den Fenstern, deinen, euern Fenstern. Dein Lächeln, Peter, wenn du von der Eva und der Uschi erzählt hast, den Nachbarsmädchen, die wie Schwestern für dich waren.

Oder von der Susi vom Kapuzinerberg, auch so einer Kindheits- und Jugendzeit-Gefährtin. Jeden Samstagnachmittag, ob Winter, ob Sommer, waren die Erika und du droben bei Susis Familie in der gelben Villa. Die Erwachsenen haben Karten gespielt und ihr habt die Umgebung unsicher gemacht, habt Seifenkistln gebaut, seid auf die Bäume geklettert; im Winter seid ihr gerodelt, den steilen Weg vom Franziskischlössl runter … und du, Peter Furchtlos, hast dir einmal den Arm gebrochen, ein andermal das Bein.

Das Skifahren hast du später, als du Musiker, Kapellmeister geworden bist, sein lassen. Dirigieren mit Gipsarm, lieber nicht. Da bist du aufs Langlaufen umgestiegen und in den letzten Jahren aufs Schneeschuhwandern, mit der Marianne, zu eurer sehr geliebten Hütte am Öbristberg oberhalb von Wagrain auf 1.400 Meter Höhe hinauf.

Da bist du so richtig zu dir gekommen, nach anstrengenden Theaterzeiten, bei dir gewesen. Hast mit den Menschen da oben geredet wie einer von ihnen. „Griaß di, Paula, host a Butter, host a Brot?"

Und dann bist du vor eurer Hütte, in eurer Hütte gesessen, warst fasziniert von der Herrlichkeit der Welt und hast im *Tibetischen Totenbuch* gelesen, dem spirituellen Reiseführer für Sterbende. Das Buch hat dich wohl dein halbes Leben lang begleitet. Oder in Künstlerbiografien, in Büchern über Putin und Mohammed, die römischen Kaiser und die Habsburger. Dich hat so vieles interessiert.

Deine Mutter, die Erika, fehlt heute noch immer im Bild dieser Stadt … ihre allmählich langsamer und schwerer werdenden Schritte, ihr Glanz in den Augen, wenn sie von deinen Erfolgen gesprochen hat. Wie du im Stadtbild fehlst, Peter, dein orangefarbener Pullover, deine knallroten Crocs, dein federnder Gang, dein Lächeln.

Wenn du traurig warst als Kind, und es gab sehr wohl Gründe dafür, sind deine Augendeckel runtergerutscht (es gibt Bilder davon) und du hast, sagt deine Marianne, ein bisschen dem Donald Duck ähnlich geschaut. Von Timbuktu haben wir manchmal geblödelt … irgendwann einmal nach Timbuktu, wie ja auch Tick, Trick und Track nach Timbuktu ausgebüchst sind in einem Mickey-Mouse-Heft zu unseren Schulzeiten. Der Donald auch. „Abgereist nach Timbuktu, dein Neffe Donald." Und der reiche Onkel Dagobert: „Auf so einen dämlichen Trick kann auch nur jemand wie Donald kommen!"

Timbuktu, der Fluchtort, die mystische Stadt zum Emigrieren, in den Comics und in den Träumen. Unsere Parole, wenn etwas nicht gelaufen ist wie gewünscht: „Auf nach Timbuktu!"

Deine Heimat, Peter, zwischen Dom und Universitätskirche. Dort hast du im Chor vom Akademischen Gymnasium bei den Maiandachten mitgesungen. Aber du warst ja musikalisch längst in anderen Dimensionen unterwegs, hast mit Chopins *Regentropfen-Prélude* in sehr frühen Jahren die Aufnahmsprüfung ins Mozarteum geschafft. Dann die Ausbildung bei Gerhard Wimberger, der jetzt, drei Monate vor dir, gestorben ist … die Vorlesungen bei Nikolaus Harnoncourt … der Beginn deiner Karriere … Linz, Salzburg, Theater, Operette, Musical – 35 Jahre lang.

Als ihr euch kennengelernt habt, Marianne, hat der Peter Maverick-Zigaretten gewutzelt. Beim Atelierfest eines befreundeten Künstlers war das, vor gut 30 Jahren. Ihr seid euch von Anfang an sympathisch gewesen; nicht nur weil er, der charmante Kapellmeister vom Landestheater, dir, die du ohne Zigaretten gekommen warst, mit seinen aushelfen konnte. Er war der Peter Maverick, und ihr habt so viele gemeinsame Interessen entdeckt – die Kunst, die Musik vor allem. Du hast ihm, dem Peter, die erste Arvo-Pärt-Platte vorgespielt, und er war begeistert und ist es geblieben für immer.

Du hast in der Herrengasse gewohnt, samt Töpferwerkstatt und Atelier. Marianne Huber-Neumann, die vielbeachtete Keramikerin und Objektkünstlerin. Er im Theaterhaus in der Rettenpacherstraße in Parsch. Was für ein verrücktes Quartier. Eine Schauspielerin, ein Balletttänzer-Paar, eine Opernsängerin, eine Dramaturgin, ein Chorsänger als Wohnparteien – und im Erdgeschoss der Peter, Kapellmeister Peter Ewaldt. Immer open house, open rooms. Eine fröhliche Gesellschaft samt jeder Menge Besuch und spektakulären Festln.

In der Herrengasse, damals, gab's auch so eine bunte Szene – Künstler, Handwerker, Gastronomen, eigene Gassenfeste. Ihr habt geheiratet, der Peter ist zu dir gezogen und hat seine ersten Versuche im Kochen gestartet. Erdäpfelgulasch zum Beispiel.

Von daheim, am Fuße der Festung, bis zum Theater war es jetzt nur mehr ein Katzensprung. Und der führte logischerweise immer an Peters Kinder- und Jugenddomizil am Alten Markt vorbei. Als hätte er seine Lebens- und Arbeitsorte sternförmig vom Alten Markt weg angeordnet.

Du, Marianne, bist in Wagrain aufgewachsen und Anfang der 70er-Jahre mit deinem Söhnchen, dem Rudi, nach Salzburg gekommen. Der Rudi hat den Peter sehr gern gehabt, und der Peter den Rudi.

Ganz am Schluss, bevor das alte Jahr in Peters letzte Tage hinüberglitt, hat dein Sohn, Marianne, den väterlichen Freund nach Tamsweg gefahren, zur Ökofarm und zum DDr. Rössler, der für den Peter die chemobegleitenden Naturpräparate maßgeschneidert hat.

In Wagrain: eure Berghütte, das Paradies. Da ist in ihm, dem Peter, der Wunsch herangewachsen, in Salzburg ein Haus zu finden, von dessen Fenstern aus man in alle Himmelsrichtungen schauen kann.
In Morzg habt ihr es gefunden. Ein ehemaliges Gärtnerhaus, zu einer Bauhütte degradiert – aber ihr, Marianne und Peter, habt es kurz vor dem Abriss zu einem Ort der Geselligkeit, des Lebens, der Kunst, der Musik, der Spiritualität und des Friedens gemacht. Mit einem hellen Atelier für dich und deine Arbeit, Marianne, einem Musikzimmer samt eigenem Cembalo für den Peter.
Wie viel Musik ist da erklungen, die ersten Proben für die Projekte mit Barockmusik, die ihm so sehr am Herzen gelegen sind. Am Klavier hat er dir oft vorgespielt, einfach so, nach dem Tagwerk, nach dem Abendwerk im Theater ... Monteverdi, Schubert, Mozart. Am Heiligen Abend, vor ein paar Wochen, noch ein *Stille Nacht*, das berührendste in all den Jahren, in euerm gemeinsamen Leben.
Mit den Nachbarn in der Kleingmainer Gasse hat sich der Peter bestens verstanden, sogar mit Rapid-Anhängern! Wie sehr waren die lieben Nachbarn jetzt an deiner Seite, Marianne! Und so viele Menschen, die den Peter geliebt haben und dich lieben!

Ihr habt viele Paradiese auf Erden gehabt: Morzg, die Hütte am Öbristberg, Anafi, die kleine Kykladeninsel in Griechenland, mit kaum mehr als 200 Einwohnern und kaum mehr als ein paar Dutzend Urlaubern. Und dann Lefkos, der kleine Weiler auf der Insel Karpathos mit dem traumhaften Strand, abgelegen, menschenleer, türkises Wasser, ein Hotel, angelegt wie ein tibetisches Kloster. Atemholen, immer wieder tief Atemholen, staunen darüber und demütig dankbar sein, wie unsagbar herrlich doch diese Welt ist!

Die Berge haben dich, Marianne, nicht so gereizt wie ihn, den Peter. Einmal hat er dich auf den Rinnerkogel mitgenommen, eine Fünf-Stunden-Tour. Bei seiner Kondition und seinen elendslangen Beinen war es nicht leicht, mitzuhalten. Das hast du freiwillig den Freunden überlassen. Mit dem Peter Blaikner hat der Peter nicht nur die Berge daheim im Alpenland bestiegen, mit ihm hat er sich auch auf Segeltörns begeben. Kroatien, Korsika, Sardinien, Elba … auch „Käpt'n" Blaikners Petra und sein Sohn, der ebenfalls Peter heißt, waren da mit an Bord. Und Bernhard Walchhofer, Peter Ewaldts Freund seit ewig.
Peter Ewaldt hat für die Musik, in der Musik gelebt. In vielen Dimensionen, in vielen Klangwelten. Die Gastdirigate mit dem „Folkwang-Kammerorchester" Essen, Schwerpunkt Mozart und Barock, waren wichtig; die Welt der Lieder mit dem Peppi, Josef Oberauer, dem Freund seit wohl 40 Jahren, die Klangsphären

der Moderne, in Produktionen wie *Sintflut, Kreuzweg*, zur Musik von Anton Prestele mit Herbert Gantschacher als Regisseur. Arvo Pärt immer wieder.

Und seine „Salzburger Musikkreise", mit dem Zweck, wie er selbst es formuliert hat, „barocke Musik aufzuführen, auch in der Begegnung mit Musik der Gegenwart". Mit Mariannes Labyrinth-Logo, Elfriede Hufnagls Gewandungen. Mit seinen Gefährten … den Sängern Josef Oberauer, Franz Supper, Aleksandra Zamojska, den Schauspielern Heinz Trixner und Susanna Szameit, dem Lautenspieler Carsten Mohr und den anderen lieben Musikerfreunden, Romana Rauscher, der Geigerin, Wolfgang Danzmayr, dem Dirigenten.

Peter Marzipan, Peter Furchtlos, Peter Maverick. Peter Musikus. Noch einmal Ogi, der Straßenzeitungsverkäufer und Freund: „In welchem Anzug dirigierst du? Welche Farbe hat er und von welchem Designer ist er?" Peter lacht: „Ich habe meinen Frack vor so langer Zeit gekauft, dass ich das vergessen habe. Aber auch sonst spielen Marken und Designernamen keine Rolle für mich. Hauptsache, er ist schwarz."

Oder im Hochzeitsanzug von damals?
Mit der gelben Krawatte?

Danke Peter, für die Musik,
für deine Freundschaft, dein Lachen,
für alles.

Der „Dürre" tanzt den Schneewalzer
(Karl Kodat, 1943–2012)

Ein Wiener wird immer seine Wiener Seele behalten, sein Leben lang, auch wenn er sich in anderen Städten wie daheim fühlt, in Antwerpen oder in Salzburg. Karl Kodat ist ein stolzer Antwerpener geworden, ein begeisterter Salzburger, aber sein Herz hat weiter im Dreivierteltakt geschlagen. Und wenn irgendwo Heurigenmusik gespielt wurde, wenn Wienerlieder gesungen worden sind wie das *Gassenkinderlied* von seinem Freund Horst Chmela zum Beispiel, dann war er glücklich. Sentimental und glücklich zugleich. Und wenn ein Wiener Schnitzel auf seinem Teller lag und ein richtiger, dezent gezuckerter Wiener Salat danebenstand, dann war er in der Seligkeit.

Fast auf den Tag genau vor 41 Jahren, am 6. März 1971, lag in Salzburg Schnee, viel Schnee. Auf den Dächern, in den Straßen, auf dem ASV-Fußballplatz in Itzling, dem Ersatzstadion der Austria, weil in Lehen gerade umgebaut wurde, damals. Eine Schneewüste. Eigentlich ist an ein Match nicht zu denken, außerdem hat es elf „Minuskrügerl", elf Grad unter Null. Aber der Schiedsrichter pfeift trotzdem an: Violettenderby – Austria Salzburg gegen Austria Wien. Herbstmeister gegen Champion.
Karl Kodat, der Wiener, längst bei Salzburg unter Vertrag, kickt gegen seine Ex-Mannschaft. Und wie!

„Kodat tanzt den Schneewalzer", wird man am nächsten Tag in der Zeitung lesen. Der Karl tänzelt, dribbelt, trickst über den hartgewalzten Schneebelag und schießt nicht weniger als vier Tore. Endstand: 6:0 für die Salzburger. Schneefestspiele in der Mozartstadt. Für Karl Kodat die Reifeprüfung für die Einberufung ein paar Wochen später, zum ersten Spiel im österreichischen Nationalteam, gegen Ungarn.

Er spielt nur fünf Ländermatches für Österreich, aber die bleiben im Gedächtnis. Sein Tor gegen Nordirland bei der EM-Qualifikation und vor allem seine grandiose Leistung beim Spiel gegen Brasilien, als der Jahrhundertkicker Pelé offiziell verabschiedet wurde, am 11. Juli 1971 in Sao Paulo, vor 130.000 Zuschauern! Einer der großen Tage in Karl Kodats Leben. Unvergessen, unvergesslich wie so vieles. Das Strahlende, das Dunkle.

Ein Leben, ein wahrhaftiges Leben, besteht immer aus beidem: aus dem Schmerz und aus dem Glück, aus den Tränen und aus dem Jubel.

Ottakring, 16. Hieb, 16. Wiener Gemeindebezirk also, wo man zum heimischen Bier „16-er Blech" sagt. Ottakring: Geburts-, Lebensbezirk vieler prominenter Wiener. Horst Chmela, Karl Hodina, die Wienerlieder-Musikanten, die Karl Kodat so gern gehört hat, die Schrammelbrüder, Joschi Weidinger, der Boxer – oder der legendäre Pepi Uridil, einer der ersten Fußballstars in Österreich. Nicht zu vergessen Ernst Happel, der zur selben Zeit wie der Karl in Antwerpen gespielt hat, in Belgien, bei Brügge, Trainer war. Alles Ottakringer.

Am 10. Februar 1943 erblickt der Karl in Ottakring das Licht der Welt, in einer finsteren Zeit. Der Krieg ist voll entbrannt. Vater gibt es keinen, auch keine Geschwister. Die Mutter und der Karl: Das ist die Familie, das sind die zwei, die aufeinander schauen. Bescheidene Verhältnisse. Auf Rosen sind die beiden nicht gebettet. Eines freilich hat der liebe Gott oder eine gute Fee dem Karli mit in die Wiege gelegt: die Leidenschaft fürs Kicken, das Talent dafür. Er kickt auf der Gass'n, wann immer es geht, und darf schließlich beim Wiener Sportklub – die Kodats wohnen ja nur zwei Steinwürfe vom Platz entfernt – in der Nachwuchsmannschaft mitspielen. Der Bilderbuch-Beginn einer großen Karriere? Noch nicht.

Zuerst muss Geld verdient werden, dass die Mutter und er, der Karl, halbwegs über die Runden kommen. Er beginnt eine Bäckerlehre. Das heißt: Mitten in der Nacht in der Backstube stehen, Mehlsäcke schleppen – er, das Krispindl, das Hendl, das Leichtgewicht, das er auch später immer sein wird. Da ist an ein regelmäßiges Trainieren, auch wenn man es noch so sehr möchte, nicht zu denken.

Aber das Schicksal oder eine böse Fee macht dem ehrgeizigen, tüchtigen, fußballhungrigen Burschen das Leben doppelt schwer. Ein Gewitter zieht über Wien, über Ottakring. Die Mutter plagt sich gerade an einem Brunnen im Hof mit dem Wäschewaschen, als sie von einem Blitz getroffen wird, aus düsterem Himmel. Schwere Verbrennungen, Nervenleiden, die geliebte Mutter wird ihr Leben lang Invalidin bleiben, und der Karl muss jetzt doppelt schuften, wird sich immer um sie kümmern. Wie er sich später um seine Frau, die Renate, so liebevoll gekümmert hat.

Der Karl wird, um zum geringen Bäckerlehrlingsgehalt etwas dazuzuverdienen, bei einem Bekannten, einem Altmetall-Tandler, Eisenbieger – er, das Leichtgewicht, der Schmächtige, der Dürre. Was schafft man nicht alles im Leben, wenn es ums pure Leben geht! Fußball: nur hobbymäßig, notgedrungen. Bei der Firmenmannschaft von Siemens-Schuckert spielt er mit. Aber er ist oft auf den Plätzen, wenn die Großen spielen, schaut sich alles genau an, schaut sich alles ab, was wichtig ist.

Karl Kodat ist 19, als der Fußball endlich ins Zentrum seines Lebens rückt. Es ist kein brillanter Start, aber es ist ein wichtiger Anfang. Alt-Ottakring, seine erste richtige Mannschaft, dümpelt im tiefsten Fußball-Unterhaus dahin, gespielt wird am Postsportplatz. Dass da ein ganz großes Talent am Werk ist, spricht sich bald herum. Die Nobelklubs sind ja immer auf der Suche nach jungen, erfolgshungrigen Kicker-Genies. Für die Wiener Austria ist einer der bekanntesten „Scouts", Talentespäher, unterwegs – Pepi Argauer, Ex-Teamchef. Der möchte den „Dürren", den Kodat Karl, um alles in der Welt für die Austria gewinnen. Wir schreiben das Jahr 1964.

Der Karl soll zum Argauer kommen, heißt es. Und der Karl meint nur (das ist das Selbstbewusstsein des Ottakringers): „Er soll zu mir kommen!" Das heißt im Klartext: die vielen Treppen hoch zum Postsportplatz von Alt-Ottakring. Der Argauer ist verschnupft, er ist es gewohnt, dass die Leute laufen, wenn er ruft. Aber er steigt die Treppen hoch. Und erst beim dritten Versuch willigt der Kodat Karl ein.

Er ist 21 Jahre alt, 1,74 Meter groß, 57 Kilo gering – und jetzt also ein „Violetter". In einer wahren Luxus-Mannschaft, allein was die Stürmer damals betrifft: Nemec, Hof, Buzek, Fiala, Jacare, Geyer, Parits, Mütter, Hirnschrodt, Hickersberger, Ettmayer. Wie soll da ein „Neuer" je zum Zug kommen. Einer aus Ottakring, Arbeiterkind, Bäckerlehrling, Eisenbieger. Bei den vielen „Sirs", die in vorderster Reihe kicken!

Der Gager Fredl ist ein Kumpel damals; die beiden haben ein Stück Weg gemeinsam, von daheim in den Prater. Der Kodat fährt von Ottakring täglich eine Stunde mit der Straßenbahn bis zum Austria-Trainingsplatz. Der Gager Fredl vom Naschmarkt kümmert sich ein bissl um das Hendl, den hochbegabten Burschen.

Und der macht seinen Weg, kommt in drei Jahren zu 71 Einsätzen und schießt dabei 47 Tore. Begeistert und verzaubert alle mit seiner Technik, seiner gefinkelten Ballbehandlung, seinem eleganten Dribbling.

Das könnte jetzt ruhig in dieser Tour weitergehen. Aber dann kommt dieses verflixte Spiel gegen den GAK, 1967. Ein Grazer Spieler provoziert und reizt den Kodat das halbe Spiel lang.

Bis beim Karl die Sicherungen durchbrennen, beim Karl, dem Hendl mit der Eisenbiegerfaust. Ein Hieb, der GAK-Verteidiger hat eine gebrochene Nase, der Karl Kodat eine sechsmonatige Sperre. Beim Vereinsboss und beim Trainer, Joschi Walter und Ernst Ocwirk, fällt er sofort in Ungnade. Man will den Kodat loswerden. Wacker Innsbruck würde ihn sofort nehmen – und gut zahlen. Aber Innsbruck ist damals der größte Konkurrent der Wiener um den Meistertitel. An so einen Klub verkauft man nicht einen brillanten Spieler wie den Kodat Karl.

Also kommt Salzburg zum Zug. Günstig noch dazu. Von 150.000 Schilling Ablöse ist die Rede. Großer Jubel, Glückseligkeit schon bald bei den Fans. Einer der größten Bewunderer, Hannes Krawagna, damals noch Student, später Sportjournalist, klebt ein selbstgefertigtes Poster an die Zimmertür: „Kodat ist mein einziger Gott – und ich bin sein Prophet!" Und schockt damit die anderen Studentenheimkollegen, die sich damals Poster von Che Guevara oder Fidel Castro an die Türen geklebt haben.

Dass mit dem Karl auch Horst Hirnschrodt nach Salzburg kommt, steigert die Begeisterung in Salzburgs Fußballwelt ins Unermessliche. Aus der Salzburger Austria wird, vor allem auch durch Günther Praschaks Weitsicht und Leidenschaft, ein engagiertes, modernes Sieger-Team.

Die Mannschaftsaufstellung damals, als Karl Kodat zum ersten Mal für Salzburg auf der Lehener Gstätt'n eingelaufen ist: Zickbauer, Kurz, Breitenfelder; Kibler,

Sikic, Nikischer; Granzer, Hirnschrodt, Horwath; Furtmayr, Kodat. 4:2 gewinnen die Salzburger gegen die Admira – und Kodat schießt seine ersten beiden Tore für die Austria. Die ersten von insgesamt 77 Toren im Oberhaus, seine erste und zweite Salzburg-Zeit einschließend, und 11 Treffern in der 2. Division.

Auch so ein unvergessliches Spiel: Herbst 1970 in Wattens. Tausende Salzburg-Fans sind mitgereist. Die Heimfahrt wird zum Triumphzug. Austria Salzburg hat Wattens 1:0 geschlagen und ist Herbstmeister! Das Tor hat Karl Kodat geschossen, mit einem „Tausendguldenhammer" genau ins Kreuzeck. Und Adi Antrich, der Tormann, hält einen Elfmeter. Daheim in Salzburg wird ausgelassen gefeiert.
Fußballspieler verstehen es zu feiern! Die Mitternachtsstunde ist längst vorüber, als der Karl in der „Dixie", dem heutigen Strobl-Stüberl, dem beliebten Fußballer-Spätlokal, einen Elfer nach dem anderen schießt – und sich der Antrich hechtet, als stünde er zwischen den Pfosten. Geschossen wird freilich nicht mit dem Ball, sondern mit einem Krauthappel, einem Krautkopf, bis sich der endgültig in seine Bestandteile aufgelöst hat.

In Salzburg hat Karl Kodat nicht nur Fußballgeschichte geschrieben, hier hat er auch die Liebe seines Lebens gefunden. Der Karl ist ja kein Heiliger, und auch kein Kostverächter. Er macht manches in seinen ungestümen Tagen, was nicht unbedingt klug ist.

Aber dann trifft er die Renate. Die Renate aus Taxham, der Karl aus Ottakring. Fußball – das ist auch
ihre Welt; sie ist bei den Spielen im Publikum und bei
den Feiern mit von der Partie. Vor allem: Sie ist gut für
den Karl, ist ihm eine Stütze im Alltagsleben. Wie er
ihr später eine kräftige Stütze in ihrem schweren Alltagsleben sein wird.

Die beiden heiraten – und als Royal Antwerpen, der
europäische Spitzenklub, 1971 den genialen Spieler
Karl Kodat aus Salzburg nach Belgien holt, um zehn-
mal so viel Geld wie Salzburg einst der Wiener Austria
zahlen musste, geht die Renate selbstverständlich mit
ihm.

Royal Antwerpen! Ein Fußballtraum geht in Erfüllung! Der Straßenkicker aus Ottakring landet bei Royal Antwerpen! Vor ein paar Tagen, als die traurige
Nachricht vom Tod des Karl die Runde machte, stand
in einer belgischen Zeitung, auf der Sportseite, diese
Überschrift: „Antwerp rouwt om legende karl kodat!"
Antwerpen trauert um die Legende Karl Kodat. Und
im Artikel konnte man, auch wenn man die Sprache
nicht versteht, dieses Wort lesen: „publieks-lieveling".
Publikums-Liebling.

Sechs große, erfolgreiche Jahre bei Royal Antwerpen!
Im UEFA-Cupspiel gegen Aston Villa erzielt er den
Hattrick. In den 233 Spielen für die Meistermann-
schaft schießt er insgesamt unglaubliche 115 Tore.
Und wird wahrlich ein „publieks-lieveling".

Mehr als das. Man verehrt, vergöttert ihn weit über
seine aktive Zeit hinaus. Er bleibt in den Herzen der

Belgier bis zuletzt. Lassen Sie mich aus dem berühren-
den Nachruf von Hannes Krawagna zitieren:

*… als ihn Austria Salzburg im Herbst 1993 anlässlich der
UEFA-Cup-Konfrontation mit Royal schon im Vorfeld des
Spiels als „Ambassador" nach Antwerpen entsandte, riss sich
auch noch 16 Jahre nach seinem Abschied die millionenschwere
flämische Hautevolee eine Woche lang tagtäglich darum, den
einstigen Kultkicker bei sich als Gast haben zu dürfen. Und am
Matchtag wurde eigens zu Karlis Ehren im neu erbauten Busi-
ness-Club des alten Bosuil-Stadions nur feinste Wiener Küche
serviert und Schrammel-Musik gespielt.*

*Sieben Jahre danach, also ausgangs des vorigen Milleniums, er-
fuhr Kodat noch bedeutsamere Ehren: Da wurde er zum „besten
Belgien-Legionär des Jahrhunderts" gekürt – und das, obwohl
auch international höchst renommierte Großkaliber wie Rob
Rensenbrink, Jean-Pierre Papin, Ruud Geels, Arie Haan,
Frank Arnesen, Laszlo Fazekas, Lothar Emmerich, Horst Hru-
besch, Ulrik Le Fevre, Simon Tahamata oder Jan Koller zur
Wahl gestanden wären …*

Ein Wiener bleibt ein Wiener, und einer, der sein Herz
an Salzburg verloren hat, kommt auch zurück. Der
Karl hat prächtig verdient, in Anthering kann er auf
gutem Grund ein schmuckes Haus bauen. Ein paar
Jahre kickt er noch für die Austria, ein bisschen in
Ried und in Berndorf bei Grödig.
Die Mannschaftsaufstellung bei seinem letzten Meis-
terschaftsspiel für Salzburg, Frühjahrsrunde 1980
gegen VOEST: Rettensteiner; Leiner, Winkelbauer,

Breitenberger; Pirnus, Bacher, Hörgl, Lettner, Perlak, Schildt; Kodat.

Jetzt könnte alles so schön sein. Aber das Schicksal schlägt noch einmal mit voller Härte zu, härter als mit einer Eisenbiegerfaust. Seine Frau, die Renate, stürzt über eine Treppe, wird zum Pflegefall. Der Karl betreut sie viele Jahre lang, wie er seine invalide Mutter betreut hat, damals. Der liebenswerte, treue Mensch Karl Kodat.

Er hat ja neben dem Fußball noch ein anderes Berufsleben – als Gas- und Stromableser bei den Salzburger Stadtwerken. Er macht das mit großem Engagement. Und wenn ihn jemand erkennt, ihn auf einen Kaffee einlädt und mit ihm über alte Fußballzeiten plaudert, ist er selig. Wie er selig ist, wenn er sich mit seinen Freunden beim Guten Hirten trifft oder Wienerlieder hört, auf DVD den Mitschnitt vom Galaspiel gegen Brasilien sieht und dazu eine Flasche Clausthaler trinkt statt dem „16er-Blech" von früher.

Geliebt, unvergessen, nicht nur in Salzburg, Wien, Antwerpen. Als sein Freund und Teamkollege Hannes Winkelbauer letztes Jahr in Unterloiben in der Wachau ein Heurigenlokal besucht und aufgrund seines Autokennzeichens als Salzburger erkannt wird, sagt die Heurigenwirtin: „In Salzburg kennen wir auch jemanden, einen besonders lieben Menschen – den Kodat Karli." Als Hannes Winkelbauer erzählt, wie gut er mit dem Karl ist, dass er mit ihm in der gleichen Mannschaft gekickt hat, steckt ihm die Wirtin ganz spontan und voller Freude ein „Mitbringsel für den Karli" ins Marschgepäck: seine heiß geliebten Blutwürste, ein paar Flaschen Heurigen und dazu eine CD mit Wienerliedern.

Ein Wiener wird immer seine Wiener Seele behalten, sein Leben lang. Der Kodat Karli, der für Salzburg und für Antwerpen ein Himmelsgeschenk war, ist ein Wiener geblieben, dem „Herrgott aus Staa" ergeben, einer, der weitergekämpft hat, auch wenn er wieder einmal vom Schicksal das „Bummerl" vor die begnadeten Füße geworfen bekam.

Der Kodat war ein begnadeter Kicker.
Und ein wahrhaftiger Mensch.

Liftführer und Geschichtensammler
(Dietmar Salcher, 1947–2020)

Wenn das Leben ein Lift wär
und führ' stets nur bergauf,
so ganz ohne Verschnauf –
grad als ob man bekifft wär …

Wo und wann würd' das Ziel sein?
Und wer sagt', was das ist?
Sagt's der Liftmaschinist?
Würd' das Ernst oder Spiel sein?

Und man stieg' in den Lift ein,
aber wo käm' man an?
Gäb's den perfekten Plan?
Würd's die Heilige Schrift sein?

Wär der Himmel ganz oben?
Ob der Lift dort auch hält?
Wann verlässt er die Welt?
Kann man „Ankommen" proben?

Geht der Tod oben unter?
Geht die Friedenstür auf?
Ach, der Lift, der fährt rauf.
Ach, der Lift, der fährt runter.

Als meine Mutter, verzeiht mir den kleinen Satz, nach langem, koma-ähnlichem Schlaf für ein paar Stunden die Augen aufschlug und von einer Minute auf die andere hellwach und völlig klar wurde, zu unserem gewaltigen Erstaunen, sagte sie zu uns: „Komisch, jetzt bin i' die ganze Zeit mit dem Lift hinaufg'fahr'n – und jetzt bin i' erst wieder da herunt'n!" Eine Woche später, das ist 20 Jahre her, ist die Mutter gestorben.

Der Didi weiß jetzt alles über das Liftfahren über den Tod hinaus. Wo, in welcher Dimension sich die Lifttüre öffnet, ob man und wie man empfangen wird, ob das „Ankommen", auch ohne Probe auf Erden, leicht ist. Ob es eine Übergangsliftstation gibt. Oder ob es „direttissima"… ? Dietmar Salcher, in seiner Zeit auf Erden begnadeter Liftfahrer, Liftführer, Liftbegleiter, Schaffner, Auskunftsperson, Kabinen- und Schmähführer in einem, Mönchsbergaufzug-Amtskappelträger von hohen Graden, mit beachtlichen Entertainerqualitäten, ist uns diese wichtigste Liftfahrt voraus.

Der Didi war ja so viel mehr! Schriftsetzer, alt gewordener Jünger der Schwarzen Kunst, des Druckergewerbes, zu wenig beachteter Künstler, ewiges Kind, Clown, aufrichtiger, aufmerksamer Freund. Vielleicht warten jetzt viele von euch immer noch und noch lange, sehnlich, auf eine WhatsApp mit irgendeiner schrulligen Nachricht, mit einem kleinen, erfrischenden Blödsinn so nebenbei. Freunde hat er immer wieder und immer wieder gern überrascht mit seinen klugen, satirischen, witzigen, auch albernen Kurzmeldungen per Handy.

Man müsste den Sternenhimmel betrachten … eine verschwurbelte Sternschnuppe, eine bizarre Schneeflocke, irgendwas dergleichen wird er euch schon schicken. Per Lichtgeschwindigkeit. Früher hat der Didi das über den Postweg zelebriert. Hat mit Behutsamkeit und Freude am Spaß ausgesuchte Ansichtskarten, genau auf den jeweiligen Adressaten abgestimmt, zu kleinen Kunstwerken veredelt.

Die Motive auf der Bildseite hat er zu Collagen umgestaltet, mit kleinen geschnipselten, geklebten Motiven, und auf der Schreibseite in fast penibel exakter Großbuchstaben-Schrift hübsche Gedichtchen formuliert. Zu Geburtstagen, zu Festtagen oder einfach so. Die Briefmarke hat immer zum Anlass, zum Text und zum Postkartenempfänger gepasst. Wenn die Briefträger geahnt hätten, welche Kostbarkeiten sie in ihren Postsäcken herumtragen!

Dietmar Salcher hat diese schriftlichen, grafischen Geschenke für seine Freunde mit großer Achtsamkeit angefertigt. Diese fast rührende Achtsamkeit war eine seiner Tugenden, herzliche Freundschaftspflege, Hilfsbereitschaft. Und vieles mehr. – Womit kann ich anderen eine Freude machen? Für ihn die selbstverständlichste Frage der Welt. Beispiel: Wenn es irgendwo günstig Stofftiere zu erwerben gab, hat er die erworben, um sie an Kinder weiterzuschenken. Das könnte *dem* gefallen … damit hätte *die* eine Freude …

Kinder liebte er. Katzen und Hunde auch, aber Kinder besonders, auch wenn er sie, verspielt und herausfordernd, wie er war, gerne an der Nase herumgeführt hat. „Na, du hast aber eine schöne Miezekatze!" (Dabei hält das Kind einen Elefanten im Arm!) – „Das ist ein Elefant!" – Aber der Didi lässt nicht locker: „Nein, das ist eine ganz liebe, gelbe Katze!" – „Ein Elefant!" Und so weiter, bis die Mama in dieses skurrile Zwiegespräch eingreift und sich bald schon alles in fröhlichem Gelächter klärt. Dass die Mutter meistens auch noch hübsch ist, stört den Didi ganz und gar nicht. Im Kontakte-Knüpfen hat er sich weiß Gott leicht getan.

Als in der Nähe seiner Wohnung an der Aignerstraße eine zur Bücherhaltestelle umfunktionierte Telefonzelle stand, aus der man sich nach Belieben mit Büchern bedienen konnte, hat der Didi immer wieder zugeschlagen: Reisebücher für den Gaisberg-Wirt, Kochbücher für Elisabeth, Monika oder Regina, Krimis für Brigitte …
Apropos Aignerstraße, Dietmar Salchers letzte offizielle Wohnadresse. Hier wohnte er Tür an Tür mit dem einstmals schönsten Filmschauspieler österreichischer Herkunft und überhaupt: Helmut Berger, Luchino Viscontis Lieblingsmime.
Vor zwei Jahren, im Krankenhaus der Barmherzigen Brüder, steht der Didi im Rauchereck und hat sich grad eine angezündet, als er von einer Frau ausgiebig beäugt wird. „Is' was?" – „Ich dich kennen!", sagt die Frau. „Du alter Schauspieler!"

Gekannt hat sie ihn vom Haus in der Aignerstraße, weil dort eine Freundin von ihr geputzt hat. Gemeint hat sie den anderen. Dass er einmal mit dem Helmut Berger verwechselt würde, hat sich der Didi wohl nie träumen lassen. Aber es passt genau in seine sagenhaft bunte Geschichtenwelt.

Der Didi. Dietmar Salcher. Geboren am 2. Oktober 1947 in Mauten in Kärnten. Genau am selben Tag, 2. Oktober 1947, wird in Dortmund der Schauspieler Dieter Pfaff geboren, als Kommissar, Psychotherapeut, Rechtsanwalt in zahlreichen Fernsehrennern längst Legende. Vor allem als der „Dicke" in der gleichnamigen Erfolgsserie. „Mein Schwergewicht hält mich von Höhenflügen ab", hat er einmal gesagt, „das Dicksein ist etwas, was mich erdet und mich am Boden festhält."
Wenn einer wie der Didi, berufsbedingt, so oft zu kleinen Höhenflügen, oder besser: -fahrten aufbricht, ist es ganz gut, geerdet zu sein. Als er zuletzt in nur einem Jahr 30 Kilo verlor, hat die Bodenhaftung, wie sollte es auch anders sein, nachgelassen. Ein achtsamer Freund, ein aufmerksamer Beobachter ist er geblieben.

„Ach, der Lift, der fährt rauf/ach, der Lift, der fährt runter." In einer seiner humorvollen „Geschichten, die das Leben schrieb", lässt er einen grindigen Tätowierten mit seiner Tussi im zyklamfarbigen Jogginganzug die Mönchsbergliftkabine betreten …

O-Ton Didi Salcher: „… er schob seine Sonnenbrillen mit der rechten Hand ganz lässig in die Höhe und meinte zu mir: ‚Tour retour, Oida, zwaa moi!‘ – Aha, jetzt wusste ich, woher der Wind wehte! Einen echten Ostösterreicher hatte ich da vor mir! Ich traue mich dieses Faktum noch enger einzukreisen und behaupte steif und fest: Es war ein echter Wiener! Denn überall auf der Welt heißt es: rauf und runter, hin und her, vor und zurück oder auf und ab – nur der Wiener sagt: ‚Tour retour‘. Wien ist eben anders.“

Und so weiter und so fort. Die Tickets in dieser köstlichen Story überreicht der Liftschaffner Salcher dem kuriosen Paar dann mit den poetischen Worten: „Zweimal ins Paradies und wieder zurück, bitte sehr!“ Worauf der Wiener Netzshirt-Hühne erstaunt nachfragt: „He, Oida, wieso denn Paradies?“ – „Ja, weil Sie einen Engel mit haben!“

Bei der Mönchsberg-Bergstation angekommen, schnappt der Didi grad noch diesen kaum zu erfindenden Dialog auf: „Duuu, wos hot der g’sogt?“, will die Unbedarfte wissen. Und er, der echte Wiener, staubtrocken: „A Kompliment hod a da g’mocht – du Trampl!“

Mit seinen wahren, pointensicher aufbereiteten Geschichten, das Leben im Allgemeinen und das Liftleben im Besonderen betreffend, hat Dietmar Salcher viele Menschen zum Lachen gebracht. Vor allem wenn er sie selbst gelesen hat, beim Volker Uiberreither im Atelier, bei der Arbeiterkammer, in der Obus-

Remise der Salzburg AG, in geselligen Runden…
oder mit der Elisabeth gemeinsam für Menschen im
Seniorenheim. Das ist ein großes Geschenk, nicht
hoch genug zu schätzen!

Elisabeth und er haben sich über die Literatur kennengelernt, als sie, Elisabeth Thanhofer, ihn, den Didi,
für eine Literatursendung im ORF-Landesstudio in-
terviewte.

Zurück ins frühe Erdendasein des Dietmar Salcher. In
Kärnten geboren, in Kuchl aufgewachsen. Die Mutter, heißgeliebt bis zu ihrem Tod vor ein paar Jahren
erst, ist Köchin und Hausfrau, der Vater Fachschul-
lehrer im „Holztechnikum" Kuchl. Acht Jahre nach
dem Dietmar kommt der Bruder zur Welt: Günther.
Die letzte Begegnung der beiden, am Krankenbett,
war herzerwärmend stimmig.

Zum Vater diese eine Geschichte nur. Mit ihm will der
Didi, lang ist es her, das Autofahren erlernen. Bei einer Übungsfahrt gibt es zwischen den beiden schwerwiegende fahrtechnische Unstimmigkeiten. Der Sohn,
Dietmar Salcher, löst das auf seine, immer schon etwas eigenwillige Art und Weise: Er steigt mitten in der
Landschaft aus dem Auto aus, geht zu Fuß nach Hause und nimmt nie mehr wieder hinter einem Lenkrad
Platz. Führerschein ade.

Der Didi wird, erzwungenermaßen sozusagen, der
perfekte, begehrte, vor allem bei den Damen beliebte
Beifahrer. Das eine oder andere Mal sind er und Elisabeth auch mit vereinten Kräften gefahren: der Didi

vom Beifahrersitz aus das Lenkrad bedienend, und sie Gas- und Bremspedal. Gut, dass das verjährt und dass nichts passiert ist.

Dietmar Salcher erlernt in der Stadt Salzburg den Beruf des Schriftsetzers im Verlagshaus Kiesel an der Rainerstraße, eine anstrengende, fordernde Lehre, ein anstrengender, fordernder Beruf.

Buch- und Zeitungsdruck; anfangs noch so richtig mit Bleilettern, Setzkasten und Winkelhaken – nach den Regeln der Schwarzen Kunst eben, etwas für richtige Männer. Die Druckerei Rosner und die Salzburger Druckerei, wo auch damals die *Salzburger Nachrichten* hergestellt werden, sind weitere Stationen in seinem Berufsleben. In der Gewerkschaft Druck und Papier hat er sich mit Herzblut engagiert. Unter anderem beim Grafischen Bildungsverband.

Der Didi wäre nicht der Didi gewesen, wenn er nicht auch in jenen Druckerei-Zeiten dann und wann seiner Lust auf Scherz und Clownerei freien Lauf gelassen hätte.

Der Schalk saß ihm oft im Nacken! Einmal hat er den Artikel einer hohen Salzburger Persönlichkeit zu setzen, in dem von deren Betroffenheit in irgendeiner ernsten Angelegenheit die Rede ist. Der Didi schreibt statt „betroffen": „besoffen", in der festen Annahme, dem Korrektor werde dieser kleine interne Buchstabenspaß garantiert auffallen. Tut er aber nicht! „besoffen" erscheint im fertigen Druck; und für Dietmar Salcher hat das schwerwiegende Folgen.

Ein anderes Mal hat er, er ist ja auch Auftragsbearbeiter, einem Kunden eine Rechnung auszustellen. Für eine Drucksache, die auf einem besonderen, irgendwie intensiv duftenden Papier anzufertigen war. Der Didi vermerkt augenzwinkernd: „gedruckt auf Elefantenvorhaut". Als er dafür einen Anschiss bekommt, meint er zu seinem Chef nur: „Na, dann riechen S' amal!"

Und immer wieder seine Schlagfertigkeit, seine Lust, ein bisschen zu sticheln, zu spötteln. Elisabeth, in den letzten 20 Jahren seine beste, wohl auch geduldigste Freundin, hat das oft hautnah erlebt. Beim Spazierengehen am Almkanal zum Beispiel. Der Didi grüßt die Menschen, die ihm entgegenkommen, freundlich. Wenn sein Gruß nicht erwidert wird, brummt er hörbar: „Dann halt nicht!" Wenn zurückgegrüßt wird, murmelt er strahlend: „Na, es geht doch!"
Beim Einkaufen hinter, neben oder vor Dietmar Salcher an einer Kassa zu stehen, ist immer ein eigenes Abenteuer. Entweder er macht sich juxeshalber mit der Kassierin einen Verlobungstermin aus oder er nickt einer schon etwas ungeduldig in der Reihe wartenden Kundin zu: „Gell, wir Hausfrauen müssen zusammenhalten!"
Fast immer erntet der Didi für seine spontanen Wortspenden und humorigen Einlagen ein Lächeln, ein Lachen, ein Gelächter manchmal. Böse kann man ihm gar nicht sein.

Sein Freundes- und Bekanntenkreis war riesengroß. Mit dem Didi konnte man sich immer prächtig über alles unterhalten, drauflos lästern oder die Welt neu erfinden. Am Stammtisch im Shakespeare zum Beispiel, wo er sich mit Schaffnerkollegen und befreundeten Markt-Gehern getroffen hat. Die Schranne war ein Treffpunkt mit Gott und der Welt. Wenn Dietmar Salcher das Café Shakespeare betrat, hat die Kellnerin immer sofort *No man no cry* von Jimmy Sax abgespielt.

Bei Ärzten und Krankenschwestern war der Didi stets „unser liebster Patient", weil es mit ihm lustig war, auch wenn es in Wahrheit ernst gewesen ist. Eigentlich hat der Didi aus allem das Beste gemacht.

Lasst uns über die Liebe reden. Der Didi war, auf seine Art, eine treue Seele. Mit 19 heiratet er das erste Mal – die Monika. Kennengelernt hat er sie an einem für ihn wichtigen Tag, bei der Gautschfeier zum Abschluss seiner Druckerlehre. Als er nach dem obligaten Sprung in den Wasserbottich wieder aus dem Wasser auftauchte, stand sie vor ihm – er der begossene Pudel, sie strahlend fröhlich. Liebe, Hochzeit, Thomas, der Sohn. Es ist, was es ist, sagt die Liebe, auch wenn sie sich entfernt, zwischendurch.

Mit der Monika bleibt er befreundet bis zuletzt, um die Brigitte, seine zweite Frau, kümmert er sich, auch als die Liebe noch einmal Adieu sagt. Der Didi bleibt eine treue Seele, wie er ein treuer Freund bleibt. Er lässt niemanden fallen. Martina, Elfi, die alte Frau

Seywald … seine Schwiegermutter, die ihn mit böhmischen Knödeln verwöhnte und mit der er gerne gepaschelt hat. Beim Didi hat es immer, das war ihm wichtig, „gemenschelt". Er hatte ein geschliffenes Mundwerk, eine schauspielerische Ader – und ein großes, weit offenes Herz.

Der Künstler Dietmar Salcher war immer auf der Suche. Maler, Grafiker, Fotograf, Schriftsteller. Seine grafischen Werke, die detailgenauen, streng strukturierten Fotografien, seine subtilen und zugleich so überraschenden Collagen. 64 Katzengesichter, acht mal acht, dicht aneinander und untereinander gereiht wie ein Tapetenmuster.

Als er in der Getreidegasse wohnte, mit Blick auf die Ladenschilder vom Sporer, vom Goldenen Hirschen und vom Trachten Stassny, hat er für eine Collage mit kleinem Müllmännchen eine Menge Mist von der Gasse aufgesammelt und ins Bild geklebt. Den Künstler Dietmar Salcher muss man wiederentdecken. Es würde sich lohnen. Ausstellungen mit seinen Arbeiten hat's ja längere Zeit nicht mehr gegeben.

Mir ist eine lebhaft in Erinnerung: Am Nikolotag im Jahr 2000 im Büro des Vereins Kultur und Schule, den Rosemarie Glaser geleitet hat, am Mirabellplatz – „Salzburg Blicke – Perspektiven abseits vom Klischee". Eröffnet hat diese Ausstellung Frau Dr. Helga Rabl-Stadler, Präsidentin der Salzburger Festspiele. Es gibt das Gerücht, dass er sie irgendwo zwischen Festspielhaus und Getreidegasse mit seiner charmanten Souveränität angesprochen habe:

„Heut' schau' ma' wieder fesch aus!" Daraufhin hätte sie die Eröffnungsrede zugesagt. Sein lausbubenhafter Charme hat immer wieder Türen geöffnet.

Er hat ja viele Menschen in seinem Liftführerleben kennengelernt. Festspielintendant Markus Hinterhäuser hat er, als der noch studierte, auch gratis mit auf den Berg genommen, dem Außenminister Mock, dem es auf der Talfahrt schon leicht pressierte, hat er den Diensttoilettenschlüssel geborgt. So viele Begegnungen, so viele Geschichten. Liftfahren hieß für den Didi immer: Geschichtensammeln.

Der Künstler Dietmar Salcher. Mit Renate Wegenkittl hat er für die Berufsvereinigung Bildender Künstler eine Druckwerkstatt aufgebaut.

Mit den Rieders, Peter und Regina, hat er Ausstellungen etwa in Trient, in Litauen, in Linz gestaltet. Die Rieders sind zu besonders wichtigen, lieben Freunden geworden. Zu ihrer Silberhochzeit hat er eine hinreißende Rede gehalten, zu Peters 70. Geburtstag, das ist nicht lange her, ebenso.

Weil die litauischen Künstler in ihrer Heimat so schwer Zugang zu Druckfarben hatten, hat der Didi eine besondere „Kunsthilfe" eingefädelt. Bei der Druckerei, bei der er damals arbeitete, versuchte er nicht mehr gebrauchte Farbreste zu besorgen, als Geschenk für die Freunde in Vilnius. Als sein Chef, von der Gutherzigkeit des Dietmar Salcher bewegt, davon erfährt, steigt er voll in dieses Vorhaben ein. „Die kriag'n koane Restl, die kriag'n ganze Dosen!"

Manchmal ist dem Künstler Dietmar Salcher über einem Projekt auch das Interesse oder die Lust abhanden gekommen. Rosemarie Glaser wollte ihre große Sammlung an abgepackten Würfelzuckerstücken aus aller Herren Länder von ihm zu einer Collage verarbeiten lassen. Das hat den Didi sehr interessiert. „Mach ich!" Als die Auftraggeberin sich nach geraumer Zeit über das geplante Werk erkundigte, konnte der Künstler nur antworten: „Den Zucker hab i' aufg'essen!"

Nein, böse konnte man ihm nicht wirklich sein. Eine kleine Episode sei erlaubt, die daran erinnert, dass der Didi auch ganz gern einen über den Durst getrunken hat. Das war oben im Franziskischlössel, wo er eine Zeit lang Heimat und Atelier besaß. Eine durchaus an etwaigen Ankäufen seiner Werke interessierte Besuchergruppe tauchte im Schlössel auf. Ins Gästebuch schrieben sie: „Wir waren hier, haben alles besichtigt, konnten den Künstler aber nicht aufwecken."

Dass er auf seine Enkelin Chiara sehr stolz gewesen ist, nicht nur, weil sie Koreanisch studiert, ist wichtig …
… dass er ein Original war wie der Kohles Fritz, ein feiner Mensch wie der Rudi Pillinger …
… dass er nach dem mörderisch heißen Sommer 2015 für die Rupertikirtags-Druckserie des Günther Uitz, zur visuellen Abkühlung für Salzburg, eine melancholisch-schöne Rupertikirtag-Schneekugel als Linolschnitt schuf …

… dass er einmal aufgrund seiner persönlichen Erfahrungen als Obusmitfahrer hochgerechnet hat, dass die Stadt Salzburg jährlich 640.000 Tage oder 1.753 Jahre auf den Obus wartet …

… dass der Lift immer noch den Mönchsberg rauf und runter fährt, 60 Meter in 30 Sekunden, als wäre nichts gewesen …

… dass der Didi, und das ist wichtig, ein herzlicher Mensch gewesen ist, ein genau beobachtender Menschenfreund, einer, über den man lachen, über den man weinen kann … der jetzt sagen würde:

„Na bitte, geht doch!"

„Wolfram, du gehst da runter!"
(Wolfram Paulus, 1957–2020)

Am 24. April, vor sieben Wochen also, waren wir noch per Sie. Wir kannten uns seit Jahrzehnten, hatten aber nie ein Wort miteinander gewechselt. Immer freundlich, ich sag: respektvoll zugenickt, im Café Bazar zum Beispiel. Um den anderen nicht aus seiner Gedanken- und Geschichtenwelt zu reißen, glaube ich. Jeder immer mit dem Notizbuch unterwegs.
Und dann plötzlich dein Mail mit der Frage, ob ich mit dir ein Gespräch führen möchte, im Zusammenhang mit der Retrospektive deiner Filme, die im Herbst geplant sei. Und – ob ich mir vorstellen könnte, bei deiner Gedenkfeier („Ich werde nicht kirchlich bestattet", hast du geschrieben) eine Abschiedsrede zu halten.

Lieber Walter Müller! Vielleicht ist es die Ähnlichkeit zwischen uns (bin ja genauso scheu), die es bisher so gefügt hat, dass wir noch immer bloß Bazar-Zunicker sind, hast du geschrieben, … und vielleicht sind Sie ja mit den Leuten hier so wenig verbandelt wie ich: zwei kreative Einzelgänger, die eigenbrötlerisch und stur an dem Vorhandenen vorbeischauen, um etwas Vergangenes visionär zum Leben zu erwecken, oder einfach bloß einen anderen Blick auf dieses Land und diese Leute richten – ich spüre, so oder so, eine Verwandtschaft zwischen uns beiden.

Und in deinem zweiten Mail, nach meiner sofortigen Zusage:

Zeitplan: Ich würde sagen, auf der Zielgeraden bin ich längst unterwegs. Vorschlag für das weitere Procedere: Ist es okay, wenn wir du sagen? Erleichtert den Umgang miteinander. Ich hoffe, dass ich bis Dienstag mit dem Drehbuch ‚Berghof 4‘ fertig bin.

Das erste Treffen im Haus einer gemeinsamen Freundin, ein leichtes Essen mit Marianne und Joanna, deine leichtfüßige Bemerkung: „Ich hab oft schweres Essen bestellt, damit ich dazu schweren Wein trinken kann." Und deine Prophezeiung, gleich beim allerersten Gespräch zwischen uns beiden: „Den Mai werde ich nicht überleben."

Das war Anfang Mai. Ein zweites Gespräch in deiner Wohnung im Pfarrhaus in Hallein, wo du an deiner beißenden Hitler-Satire gearbeitet hast. „Wie viel Zeit lässt Ihnen die Krankheit voraussichtlich? Oder Sie der Krankheit?", hatte ich gefragt, per Mail, als wir noch beim Sie waren. „Den Mai werde ich nicht überleben." Am Muttertag bist du im Raphael Hospiz „angekommen".

Deine glasklaren Anweisungen bis zuletzt. „Bring bitte zwei saftige Birnen und zwei feste Äpfel mit!" Als ich, weil ich keine anderen auftreiben konnte, mit zwei harten Birnen bei dir aufgekreuzt bin, hast du gesagt: „Macht nix. In drei Tagen sind die weich." Als hättest du alle Zeit der Welt. – Bis die Birnen weich sind…, in solchen Zeiträumen müsste man zählen! Wenigstens bis die Birnen weich und saftig sind, lieber Gott.

Was glaubst du, Wolfram, was danach sein wird, also nach dem Tod? Ich weiß es ja auch nicht. Es gibt ein paar Theorien. Also – einen Himmel könnte es geben, oder? Dann hast du mir mit aller Lebendigkeit und deinem faszinierenden Detailwissen von einer Geschichte erzählt, zu der du letztes Jahr, als dich die Krankheit schon voll im Griff hatte, ein erstes Drehbuch fertiggestellt hast. *Max, du gehst da runter.* – Von wo runter, Wolfram? – „Vom Himmel auf die Erde."

Die Geschichte beginnt im Himmel, und der Allmächtige, hast du erzählt, sagt zum Max: „Max, du gehst da runter. Ich kann das nimmer mit anschauen. Die Deppen da drunten, die sprengen sich noch selber in die Luft!" Der Max, das ist Kaiser Maximilian der Erste („1459 bis 1519", hast du eingefügt), der erste Europäer, der vor 500 Jahren schon dieses Europa einigen wollte, durch Heiratspolitik und Kriege. Wie es halt für ihn logisch schien. Und den schickt der Allmächtige vom Himmel hinunter in unsere Zeit.

Der Himmel? Der Allmächtige? Bist du irgendwie in der Religion verankert, Wolfram? Und du, ohne eine Sekunde nachzudenken: „Naa!" Aber nach einer kurzen Pause und mit einem kleinen Lächeln: „Nicht, dass ich wüsste!" Also vielleicht doch?

Oder kann der Himmel sowieso noch warten, so lange, bis alle Birnen auf diesem Planeten saftig und weich geworden sind, oder uns eine überwältigende Antwort auf die Frage, ob der Himmel und der Allmächtige tatsächlich existieren, eingefallen ist?

244

Dass es doch noch ein Wunder gibt? Für dich? „Aber vielleicht … gibt's ja ein Wunder."

„Ich für mich", hast du vor drei Wochen noch gesagt, „fühle mich kurz vorm Sterben. Und nachdem bisher eigentlich alles noch so war, die inneren Stimmen mehr oder weniger gepasst haben, dürft's auch nimmer lang gehen … aber es gibt auch bei mir Momente, wo i' ma' denk: Des daheb' i' vielleicht no'! Da gehört natürlich auch dazu: dass ma' an des glaubt, was ma' macht!"

Dass der persische Regisseur und Produzent Arash T. Riahi an deinem *Berghof* interessiert ist, und dass er gemeint hat, bis zu 12 Drehbuch-Versionen für einen Film seien eigentlich normal. „I' glaub, 12 Versionen schreib i' ned." Hast du gesagt.

An der vierten hast du vier Monate lang gefeilt, hast die Figur des Knut Hamsun herausgenommen und durch Winston Churchill ersetzt. Der hat dich fasziniert, weil er „als Kriegstreiber ein Mensch geblieben und kein Scheusal geworden ist".

Dein Paulus-Universum voller enzyklopädischem Wissen!

„Falls ich doch noch diesen Film drehen darf … und dann während der Dreharbeiten klapp ich z'samm … dann könnte die Manuela (Manuela Strihavka) meine Compagnonin … vielleicht …"

Deine exzessiven Recherchen für jeden deiner Filme, dein Eintauchen mit Haut und Haar in jede Epoche, deine unglaublichen Vorbereitungsarbeiten. In deiner letzten Wohnung, in Hallein: die zahllosen Bücher über die NS-Zeit, Kinderlandverschickung, die Nazi-Schergen, über Hitler und die anderen Scheusale für deinen Film *Blutsbrüder teilen alles* und vor allem für die Drehbücher zu *Berghof*.

Gibt's das, dass einen dieser Hitler, 75 Jahre nach seinem Selbstmord, in der schlaflosen Nacht verfolgt, dass er einem die Dämonen in das Pfarrhaus hetzt, bloß weil man ihn ein letztes Mal böse verlacht hat? Weil man ihn, in einem Filmdrehbuch, dem Gespött preisgeben will? Gibt's das? Oder sind das die Schmerzmittel?
Exzessiv. Besessen. Für die *Ministranten* hast du 25.000 Kindergesichter begutachtet, für die Familienkomödie *Die Verzauberung* mehr als 120 Almen besichtigt, bis du mit der Sauschneidalm in den Hohen Tauern die richtige gefunden hast. Besessen, exzessiv.
Ich hab für meine Recherchen zur NS-Zeit in Salzburg für meinen Roman *Kleine Schritte*, nach dem Tagebuch meiner Mutter, als die ein Backfisch, ein Teenager war, monatelang in Archiven gestöbert … – „Hab ich mir gekauft", hast du gesagt. Aber die Birnen sind nicht mehr weich und saftig geworden. Es war schon Ende Mai.

Und dann, noch im Pfarrhaus, dieser Satz, mit feierlicher Ernsthaftigkeit ausgesprochen: „Wenn ich vielleicht doch einmal auf der Bühne steh', um mich zu bedanken, für den Auslands-Oscar oder für irgendwas Großes, dann muss ich eigentlich nur einen Satz sag'n: Danke, ihr Arschlöcher, für das, was ihr mir angetan habt, weil nur dadurch steh ich jetzt da und nehm diesen Preis!" – „Ein sehr reifer Satz", hab ich gesagt, – und du: „Find i' aa! Ich bin so in kleinen Dingen sehr unreif, aber die großen Dinge kann i' gut nehmen."

Die Enttäuschungen, Streitereien mit Produzenten und, und, und. Du hast viel runtergeschluckt, aber du hast auch kämpfen können. Du warst oft genug verzweifelt, hast dir aber deinen Stolz nicht rauben lassen. Bist etwa von der Filmabnahme deiner schließlich so erfolgreichen *Ministranten* durch den Bayrischen Rundfunk, der mit dem Befehl endete, du sollst die Stimmen der Kinder aus der Salzburger Mundart so umsynchronisieren, dass die Dialoge von Freilassing bis Flensburg verständlich seien, aufgesprungen und bist, den Herrschaften den Mittelfinger zeigend, abgegangen. Und bist stark geblieben und hast die Stimmen am Ende nicht verändern müssen.

Deine Filme = dein Leben. Lieber im Streit ein Projekt abbrechen als eine Filmfigur, einen Schauspieler, einen Menschen, der bei dir mitwirkte, zu verdrehen, zu verraten. Der berüchtigte Wolfram Paulus, für einige Ermöglicher oder Verhinderer. Unbequem, gegen den Strom unterwegs, stur bei seinen Überzeugungen bleibend.

Über die Heimat, Wolfram, ein paar Sätze, das Tonband läuft, die Zeit läuft; die Birnen … du weißt.

Dass du ein Kind der Provinz bist, Großarl, Lungau. „Wo kenn ich mich am besten aus? In der Heimat." Als du dann, nach *Heidenlöcher*, *Nachsaison* und *Die Ministranten* als der „neue Heimatfilmer" gefeiert worden bist, ist dir das bald ziemlich auf die Nerven gegangen. Da hast du für dich eine gültige Einordnung gefunden. „Der Woody Allen hat zeitlebens nur in New York gedreht, und dann hab ich g'sagt zu mir: ich bin ein Heimatfilmer wie der Woody Allen!"

Dass du immer ein Großarler geblieben bist … deine Kindheit, die Eltern, die geliebte Mutter, der Vater, der dich schon bald für seine eigenen Dokumentarfilme und Spielfilmchen eingeteilt hat, als Statist, als Beleuchter, der dich zweifellos für deine große Filmkarriere vorbereitet und inspiriert hat. Großarl, Sillegg, das archaisch-schöne Holzhaus im Ellmautal, deine Schreibheimat, deine Geschwister, die liebenswerte Schwester Lorle.

„Immer ein Großarler", hast du gesagt und hinzugefügt: „bis mir beim Wort Großarl das Kotzen gekommen ist, im Kontext mit dem Massentourismus!" So etwas kann nur ein echter, kritischer Liebender sagen. Deine Brüder – Albert, der Masseur, der Begabte, der dich viele Nerven gekostet hat und trotzdem für deine ersten Filme so wichtig war, als Hauptdarsteller in der *Nachsaison* vor allem. Albert, der mit Mitte 40 gestorben ist und der kurz vor seinem tragischen Tod noch zu dir gesagt hat, wie wichtig du für ihn gewesen bist. So wie du, Wolfram, deinen Ältesten, Simon, ganz zuletzt im Hospiz noch einmal kräftiger und zugleich zärtlicher drücken konntest als je zuvor in euerm Leben. Das sind Geschenke!

Deine und Joannas Söhne, Simon, Lorenz und Philipp, haben gemeinsam Ordnung in deine Drehbücher, Tagebücher, CDs gebracht und sich liebevoll von dir verabschieden können. Alles ist gut.

Zu Werner Gruber, der als Sozialarbeiter im Raphael Hospiz tätig ist und vor mehr als 30 Jahren in deinem Film *Nachsaison* als Statist dabei war, hast du, zwei Tage vor deinem Tod, gesagt: „Eigentlich bin ich mit allem im Reinen."

Und dein kleiner Bruder, Alexander. Als der mit elf Jahren im Großarler Freibad ertrunken ist, bist du vor lauter Traurigkeit krank geworden, da warst du schon auf dem Weg zur Karriere, zur Filmhochschule in München.

Der Alex … dessen Bilder (er war für deine Fotoleidenschaft immer dein liebstes Modell) und die Filmchen, in denen er dabei war, und deinen letzten Brief an ihn, du wie ein Vermächtnis aufbewahrt hast in einem Erinnerungskästchen.

So ein Mensch bist du nämlich gewesen.

Eines noch: Da gibt es drei Drehbücher, die nicht verfilmt, aber die wichtig sind – die „jüdische Trilogie". Eines über den Völkerapostel Paulus – *Und hätte aber die Liebe nicht*. Eines über einen Sänger des Mittelalters, Süßkind von Trimberg, der vergeblich versucht, als Jude in der Gesellschaft Fuß zu fassen. Und eines über Kurt Gerron, den jüdischen Schauspieler, Sänger, Regisseur, der für die Nazis einen Werbefilm über das KZ Theresienstadt drehen soll. Der hat dich lange in deinem Leben beschäftigt.

Drei Drehbücher – drei Männer, die sich, wie du klar und bewegt zugleich erzählt hast, „durch ihr eigenes Zutun zwischen alle Stühle gesetzt haben. Das ist ihre Heimat. Zwischen allen Stühlen. Und denen fühl ich mich so verbunden, dass ich sag: Ich *muss* der gewesen sein, Paulus, der Süßkind, der Kurt Gerron." Zwischen den Stühlen.

Das Raphael Hospiz war eine dir nach all den Kämpfen gebührende sanfte, großartige letzte Heimat – die Menschen dort barmherzige, warmherzige Begleiter, die Pflegerinnen, die Ärztinnen, auch die Menschen aus dem Tageshospiz. Dr. Irmi Singh, Dr. Susi Preston in deiner Sterbestunde.

Darf man Engel zu denen sagen?

Karl Valentin hat einen im Jenseits Gelandeten in einem Stück sagen lassen: „Do hob i' mi' mei' Leb'n lang g'fiacht vorm Sterb'n – und jetz' des!" Nix weiter. Keine Erklärung, was „und jetz' des" bedeutet.

Schick irgendein Zeichen von oben, vom Himmel, Wolfram. Ein winziges Engelfederl, eine Prise Sternenstaub. Oder wäre dir das zu kitschig? Ich meine: Du weißt das ja alles schon. „Und jetz' des!"

Als ich am Sonntag beim Schreiben dieser Zeilen (und das ist so wahr wie deine Geschichten wahr sind) in der Waschküche ein Kopfkissen, das wir, übrigens zum allerersten Mal im Leben, von den Maschinen waschen und trocknen ließen, wieder in die Wohnung raufholen will und die Luke des Trockners öffne, schwebt plötzlich eine Riesenwolke voller kleiner und kleinster Daunenfedern um mich. Das Kissen muss wohl aufgeplatzt sein.

Millionen allerfeinster Federchen, nicht vom Himmel, aus dem Wäschetrockner, und bei jedem Versuch, sie mit den Händen, mit Bartwisch und Schaufel oder nassen Fetzen zu bändigen, stauben noch mehr auf. Eine Stunde lang dieser irrwitzige Tanz, schräger und alberner als jede Polsterschlacht in einem Schulinternat. Das warst doch du?

Sag dem Allmächtigen einen schönen Gruß und er soll dich herunterschicken. „Wolfram, du gehst da runter! Die Deppen da drunten brauchen einen wie dich. In ihren Träumen, in ihren Erinnerungen, in ihren Zukunftsplänen, in ihren Seufzern und in ihrem Lächeln."

Ist der Tag wichtiger als die Nacht?
(Reinhard Karrer, 1973–2013)

Liebe traurige Menschen, schaut, es ist ganz einfach. Da gibt es eine Stiege und die führt hinauf. Immer höher. Ganz hinauf. Und oben, ganz oben in weißem Licht, steht die geliebte Großmutter, die Oma, und sagt behutsam und zärtlich: „Komm doch, Reinhard!" Das hat sie oft gesagt, jahrelang, und dann jahrelang nicht mehr. Und vor 14 Tagen ist sie wieder da, die Oma, oben auf der Stiege. „Reinhard, komm!" Und diesmal steht ein Schutzengel hinter ihr und nickt, zärtlich und behutsam. Es ist gut, wie es ist.

Hirngespinste, sagt ihr. Egal. Vielleicht träumt ihr ganz andere Träume, vielleicht glaubt ihr nur an das, was ihr berühren könnt, sehen und berühren. Es macht ja nichts. Jeder ist ein eigener Planet. Manchmal fliegt man schön brav und ordentlich im Kreis, manchmal fliegt man aus der Umlaufbahn und gleich noch einmal und immer wieder. Und sieht Dinge, die ein anderer, der nie aus der Umlaufbahn fliegt, nicht sehen kann. Manchmal ist das göttlich, triumphal, manchmal tut es teuflisch weh. Das Leben ist so spannend, weil jeder Mensch anders ist. Man darf das: anders sein. Besonders sein.
Könnt ihr auch nächtelang nicht schlafen? Habt ihr Teelichter auch so unglaublich gern? Seid ihr auch schon einmal verzweifelt gewesen? So verzweifelt, dass

252

man sich am liebsten die Haut ritzen würde? Habt ihr schon einmal euern Schutzengel gesehen? Ist der Tag wichtiger als die Nacht? Muss man am Ende große Bilanzen vorweisen, Erfolgsberichte? Oder genügt es, zu sagen: Mit 16 hab ich sterbende Aidspatienten begleitet. Und manchmal hab ich in den Tag hineingelebt?

Gibt es nur *eine* Welt, in der man leben kann? Oder gibt es mehrere, auch wenn einen das bisweilen ziemlich verwirrt? Was ist echt? Was ist Fantasie? Was kommt von einem selbst, was wird einem von anderen Kräften ins Fleisch geschnitten und verursacht jahrelange, unerträgliche Schmerzen?

Freidenker sein ist anstrengend und faszinierend zugleich. Nicht mit der Herde blöken! Querschießen. Ist das verboten oder nicht? Naiv, cool? Bloß so eine Frage. Ist das cool und dumm, wenn man den Professor, der einen fast flehentlich überreden will, doch zu bleiben und aufzusteigen, so lange vor der ganzen Klasse provoziert, bis die Direktion befindet: „Nicht mehr tragbar für unsere Schule!" Der kurze Triumph, wenn alle applaudieren − der coole, coole Ricci … die lange Enttäuschung, wenn man nach und nach von allen fallengelassen wird.

Ist es eine Dummheit, seine Grenzen immer wieder neu abzustecken, über die Grenzen hinauszugehen, bis man sich selbst verirrt und die anderen verliert? Oder ist das Menschenrecht? Ist man verpflichtet, immer von allen verstanden zu werden?

Als Kind schon: So hoch am Baum hinaufklettern, dass man eigentlich abstürzen muss? Oder vom Balkon hüpfen, dass die Fersen zerspringen müssten? Trotz, Stolz, Kraft, Abenteuer?

Habt ihr Geheimnisse? Bewahrt euch ein paar davon nur für euch. Und erzählt sie nur, wenn ihr so was habt, euern heißgeliebten Hunden. Was glaubt ihr, was Hunde alles spüren und verstehen, wortlos. Erzählt ihnen das, was euch quält, was euch jubeln lässt. Oder erzählt es der Oma, wenn ihr auch schon eine Oma in der anderen Welt habt, droben am Ende der Stiege? Oder euerm Schutzengel.

Die Welt ist schrecklich schön, wobei die Übergänge fließend sind, oder ruckartig. Schön, schrecklich. Manchmal steht man total im Mittelpunkt – der klasse Bursch, der im eigenen Lokal so toll mit den Flaschen für die Mixgetränke jonglieren kann. Und am Ende des Abends alle in ein anderes Lokal einlädt und sie mit der grad eingenommenen Tageslosung die ganze Nacht lang freihält. Bis alles weg ist. Bis man irgendwann mit einem Haufen Schulden da steht. Und wenn man das macht, weil man dabei glücklich ist, ist das Idiotie? Oder Nächstenliebe? Und wo ist der Unterschied?

Der supercoole Ricci. Und dann liegt man allein in seinem Bett, kann nicht schlafen, nicht einmal am Tag, und weint in das sanfte Fell seines Lieblingshundes. Ach, Tara. Natürlich vermisst ein Hund den, den er am liebsten gehabt hat, unendlich sogar. Und früher die Daisy. Wer von euch hat schon einmal einen Hund entführt, weil er es nicht mehr ertragen hat, wie grob das „Herrchen", dieser Teufel, mit dem Tier umgeht, wie er es schlägt, nach ihm tritt. Einfach entführen und mitnehmen, von Spanien wieder nach Hause, nach einer langen Odyssee.

Abtauchen, verschollen sein für die Welt. An einem Strand sitzen, irgendwo im Süden, geschützt von vielen Kerzen rundum, im Lichterkreis. Oben die Sterne, Atmen. Und einmal dieser Satz, der aus dem Kopf und dem Herzen kommt: „Es ist gut, den Glauben zu bewahren, dass alles viel wunderbarer ist, als man erfassen kann – denn das ist die ewige Wahrheit." Reinhard Karrer.

Viel wunderbarer, viel schmerzvoller. Wenn man sich nicht mit dem Gewöhnlichen begnügt. Man kann sich mit dem Gewöhnlichen begnügen, man kann Karriere machen, man kann eine Familie um sich haben. Wunderbar. Liebt eure Familien, seid stolz auf das, was ihr schafft und geschaffen habt. Und staunt, bitte, auch wenn es euch verunsichert, über die, die sich nach anderen Universen sehnen und manchmal Zutritt zu den anderen Universen haben. Auch wenn es sie das Leben kostet. Kein Mitleid. Nur Staunen und Respekt.

Schaut, es ist ganz einfach. Es ist gut, die tollsten Menschen zu kennen, wunderbare Künstler zum Beispiel. Künstler sind immer ver-rückt, müssen ver-rückt sein, weil sie das Gewöhnliche ver-rücken wollen, in neue

Zusammenhänge bringen, verschieben, weil sie sich, viele von ihnen, nach anderen Wirklichkeiten, anderen Universen sehnen und manchmal Zutritt haben, freiwillig oder unfreiwillig. Im Herzen ist die Hölle, ist das Paradies. Und es ist gut, Menschen wie den Ronnie zu kennen, der ein Freund ist, grad am Schluss, wenn man nach und nach von allen fallengelassen wird. Freunde zum Pferdestehlen. Aber wir stehlen keine Pferde, wir befreien höchstens geprügelte Hunde.

Freund und Bruder wie John. John Jonas Scheirl, in Litauen aufgewachsen, dem Herzen nach immer ein Ire gewesen, mit dem man nur Englisch reden durfte, was den Geist fordert, John, der mächtiger war als ein Bär; der Riese mit dem Stirnband, ein Beschützer, ein Gitarrenspieler, ein Andersdenker, ein Grenzgänger.

Freier Vogel, vogelfrei. Zärtlich-wild. Wenn einem der im Traum erscheint, im Nachttraum, im Tagtraum, dann macht es zufrieden, solche Freunde und Brüder gehabt zu haben.

Ob man das verstehen will oder nicht. Vergesst die durchzechten Nächte, vergesst die Katastrophen, erinnert euch an das Lachen und an die Freiheit. Jeder ist sein eigener Planet. Der John-Jonas-Noreika-Scheirl-Planet mit der irisch-litauischen Flagge, war ein ganz besonderer.

Träume, Träume, Träume. Manche Träume machen unsagbar glücklich, manche machen einem entsetzlich Angst. Aber dann wacht man auf. Manchmal wacht man nicht auf oder schläft mit seinen großen Schmerzen nicht; und die Träume, die guten, die schlechten halten an. Die Grenzen sind fließend, strömend, wie Rinnsale, wie Sintfluten. Glaubt ihr an unerlöste Seelen? Müsst ihr auch nicht. Jeder ist sein eigener Planet.

Aber wenn diese unerlösten Seelen eine lebende Seele qualvoll überfallen, von ihr Besitz ergreifen, wie Parasiten, dann kann das zur Hölle werden. Gott sei Dank gibt es Kerzen, die schützen, manchmal, Teelichter, die Sterne oben am Nachtfirmament. Umkreist von Kerzen, das ist ein schönes, warmes, einfaches Bild. Das Licht hilft gegen die Lebensattacken.

Glaubt es oder glaubt es nicht. Aber seid so freundlich und gesteht euch ein – es muss ja nicht gleich sein –, dass es schmerzvolle Dinge gibt zwischen Himmel und Hölle, zwischen dir und mir, die wir nicht verstehen. Ahnen, spüren, aber nicht verstehen, nicht erklären können. Und trotzdem sind sie da. Sichtbar, unsichtbar, einmal so, einmal so. Nennt es verrückt, nennt es unglaublich. Atemberaubend oder bizarr. Diagnosen sind nicht einmal Hilfsmittel. Diagnosen sind Hilflosigkeitsmittel. Die Wahrheit ist eine andere. Nämlich die, dass jeder eine eigene Wahrheit hat. Begegnen wir uns einfach mit Geduld und in Liebe und ohne Vorurteile und ohne Skepsis.

Das Leben ist, was es ist, die Liebe ist, was sie ist. Schön, dass es uns alle gibt. So viele Universen, miteinander, nebeneinander, für so eine kurze Lebenszeit. Exzentrisch ist ein gutes Wort, außerhalb des Zentrums. Extrem – außen befindlich. Vielleicht möchte man mittendrin sein, aber irgendwer muss ja vom Rand aus beobachten, was es noch alles gibt.

Außer dem Durchschnitt, dem Gewöhnlichen, dem Glück. Brauchen wir nicht auch die Unglücksucher, dass alles halbwegs im Lot ist, dass diese kleine Erde nicht völlig überheblich wird? Die Sucher, nicht die Finder! Suchen, immer weiter suchen, mit unruhigem Geist, getrieben und sich selbst antreibend, das eine geht immer in das andere über. Bloß kein Stillstand. Soll man sich erreichbare Ziele setzen oder unerreichbare? Unerreichbare! Und daran scheitern? Wenn es sein muss.

Darf man eine Zukunftshoffnung sein und trotzdem ausscheren, ins scheinbare Nichts? Seid ihr jemals mit dem Auto bei Nacht am Mönchsberg kreuz und quer gefahren? Macht es nicht. Das ist eine eigene Geschichte. Die „Ricci-Karrer-Exclusiv-Story".

Kennt ihr das, wenn jemand sagt: Du spinnst … oder noch ärger: Der spinnt? Bloß weil man in der Nacht mit dem Handy Wesen fotografiert, die es nicht gibt, oder eigentlich nicht gibt? Aber beweisbar doch gibt? Kann nicht sein, kann es nicht geben. Spinnerei. Verrücktheit. Nehmt es hin und seid nicht traurig.

Habt ihr das Glück, so eine Mutter zu haben, die zu euch steht, auch wenn sie grad, innerhalb kurzer Zeit, ihre eigene Mutter, ihren eigenen Vater verloren hat und jetzt gütig, geduldig vor euch und euerm verwirrenden Leben steht? Dann seid ihr gesegnet, gesegnet für alle Zeit.

Wie schnell wird man ein Schutzengel? Schwer zu sagen. Vielleicht sofort, wenn man jemanden hat, auf den man mit großer Behutsamkeit aufpassen möchte. Wenn man sagt: Sei nicht traurig, meine Patricia, dass wir uns nicht kennengelernt haben rechtzeitig, auf Erden, nur in den Träumen ab und zu, weil ich, entschuldige, dich nicht enttäuschen wollte − aber jetzt oben auf der weißen Treppe, in diesem Licht, pass ich auf dich auf, dass dir kein Leid geschieht. Mit all den Erfahrungen meines Lebens, den schönen und den schweren, will ich dich beschützen …
… selbst beschützt − nicht mehr von den geliebten Teelichtern und Kerzen, sondern von all den Sternen am Firmament, die man sieht oder nicht sieht. Und die trotzdem immer da sind. Lass mich, Patricia, dein Schutzengel sein! Ich steh auf der Stiege, oben, auch wenn du mich nicht siehst, und passe auf dich auf.
Das hier ist kein Abschieds-, sondern ein Versöhnungsfest. Im Zeichen der Toleranz, der Liebe. Unter den Sternen, die man grad nicht sieht. Im Glanz der Farben, die man nicht beschreiben kann. Dem Papa, Siegfried Karrer, hat er, der Reinhard, ein SMS geschickt mit den Sätzen: „Auch ich würde die Gespräche, die mir viel Kraft geben, mit dir vermissen! Alles Liebe. Dein dich liebender Sohn."

Gespräche über Musik vor allem. Und über die Kunst. Der Reinhard konnte aus dem Stegreif Bilder beschreiben, klarer und wahrhaftiger als studierte Experten. Gespräche, die ihm Kraft gegeben haben.

Und der Mama, der Gertraud, im SMS: „Vielen Dank, Mama! Bussi und einen schönen Tag noch. Ganz liebe Grüße, Reinhard, Hündchen. Und Milch bitte noch, Mama. Danke dir! Bussi, Reinhard."

Dem Papa: „Und Schmerz ist das Kismet des Bösen, der mein ständiger Begleiter ist und nagt. Ganz liebe Grüße. Reinhard."

Der Mama: „Danke, dass es dich und Papa gibt. Ganz liebe Grüße und Bussi, Reinhard."

Dem Papa: „Das Leben ist viel älter als die Vernunft. Ganz liebe Grüße, Reinhard."

Der Mama: „Mama, bist du so lieb und kannst du mir bitte ein Stange Lucky Strike heute mitnehmen. Danke. Bussi, Reinhard."

Dem Papa: „Danke für die Kraft-SMS. Alles Liebe!"

Der Mama: „OP ist mehr oder minder gut gegangen."

Dem Papa: „Danke fürs Besuchen, Papa! Weiß das zu schätzen, dass du mich trotz Gicht besucht hast. Alles Liebe!"

Von der Mama: „Herzliche Grüße von der Wolga, wie geht's dir? Alles Liebe, Mama."

Die Mama, die Unvorstellbares geleistet hat, die Eltern begraben, den Buben betreut, ist in das Land ihrer Ahnen gefahren, nach Russland. Und dann stirbt ihr der Bub. „Bussi, Reinhard."

Einmal, an einem Muttertag, hat er geschrieben: „Du, der Sonnenschein in meinem Herzen und Lichtblick für mein Leben … du warst und bist immer für mich da gewesen und hast mir auch das Leben mehrmals geschenkt und gerettet."

Und jetzt steht er, der Reinhard, da oben auf der weißen Treppe, ihr müsst nur genau hinschauen, und lächelt uns zu. Uns allen.

Nichts anderes zählt.

Zitatnachweis